백설부

기파랑耆婆郎은 삼국유사에 수록된 신라시대 향가 **찬기파랑가**讚耆婆郎歌의 주인공입니다. 작자 충담忠談은 달과 시내와 잣나무의 은유를 통해 이상적인 화랑의 모습을 그리고 있습니다. 어두운 구름을 헤치고 나와 세상을 비추는 달의 강인함, 끝간 데 없이 뻗어나간 시냇물의 영원함, 그리고 겨울 찬서리 이겨내고 늘 푸른빛 잃지 않는 잣나무의 불변함은 도서출판 기파랑의 정신입니다.
www.guiparang.com

백설부

초판 1쇄 발행일 2012년 9월 19일
지은이 | 김진섭
해제 | 김선학
펴낸이 | 안병훈
북디자인 | 김정환
펴낸곳 | 도서출판 기파랑
등록 | 2004년 12월 27일 제300-2004-204호
주소 | 서울시 종로구 동숭동 1-49 동숭빌딩 301호
전화 | 763-8996 편집부 3288-0077 영업마케팅부
팩스 | 763-8936
이메일 | info@guiparang.com
홈페이지 | www.guiparang.com
ISBN 978-89-6523-927-7 03300

백설부

김진섭 지음 | 김선학 해제

기파랑 에크리 Ecrit

차례

새롭게 펴내면서	6
모송론母頌論	9
하일염염夏日炎炎	18
창窓	32
우송雨頌	37
범생기凡生記	50
성북동천城北洞天의 월명月明	54
내가 꾸미는 여인	65
감기 철학	68
명명命名 철학	72
나의 자화상	77
권태倦怠 예찬	81
문학열	89
독서술	93
여행철학	100
여성미에 대하여	114
체루송涕淚頌, 눈물에 대한 향수	119
화제의 빈곤	125
없는 고향 생각	129

백설부白雪賦	133
문장의 도道	140
매화찬梅花讚	145
대춘보待春譜	148
사상과 행동, 참된 인간의 형성	150
생활의 향락	164
교양에 대하여	168
청빈에 대하여	176
농민예찬	180
말하는 그리운 종이-종이송頌	183
송춘頌春	192
주부송主婦頌	196
허언虛言의 윤리	204
생활인의 철학	209
인생은 아름다운가?	214
우리를 슬프게 하는 것들	220
청천聽川을 생각하면서	225
저자 약력	231
해제	232

새롭게 펴내면서

김진섭의 수필은 매우 긴 문장으로 되어 있다. 전형적인 만연체의 늘어진 문장이다.

그러나 그 문장은 조금만 생각하면서 집중하여 읽으면, 제재題材로 삼고 있는 대상에 대한 관찰과 통찰이 은하수의 별처럼 수도 없이 빛을 발하면서 지천으로 흩어져 있음을 알게 될 것이다. 그의 박학다식함이 통찰력과 어우러지면서 문장은 길어질 수밖에 없지 않았겠는가, 라고 헤아릴 수 있게 된다.

김진섭의 수필을 읽으면 1930년대에 오늘날 문필인들의 글에서조차 보기 힘든 한국어에 대한 감각과 풍부한 한자의 조어력造語力을 알 수 있다. 그러나 그의 조어는 일본식 한자어에 많이 신세 지고 있다는 흠을 말하지 않을 수 없게 된다. 그것은 국권 상실기에 교육을 받은 어쩔 수 없는 일이라고도 할 수 있겠지만 아쉽고 안타까운 일이다.

첫 수필집 『인생예찬』1947년의 표지에는 로댕의 조각 「생각하는 사람」과 아주 흡사한 소묘素描를 디자인해서 싣고 있다. 인생을 예찬한다는 책의 제목에서도 책 속의 수필들 성격을 헤아릴 수가 있지만, 「생각하는 사람」의 소묘 디자인에서 그의 수필이 지향하는 바를 헤아릴 수 있을 것이다.

자신의 수필은 삶을 깊게 생각하는 내용이라는 김진섭의 뜻이 책의 제목과 표지 디자인에 숨어 있다고 말할 수 있을 것이다.

김진섭의 수필들은 깊이 삶과 인생, 그것을 떠받치는 생활 속에서 지혜와 철학을 발견하고자 한다. 또 다른 수필집의 제목 『생활인의 철학』1948년 역시 이러한 김진섭 수필의 성격을 매우 뚜렷하게 설명하고 있다고 할 수 있다.

'깊이 있는 생활관찰과 인생 사색을 꾸밈없는 소박한 문체로 엮어낸 그의 수필은 한국 수필문학의 한 모델로 간주되고 있으며, 그런 의미에서 그는 수필을 문학의 수준으로 끌어올린 공로자라고 할 수 있다.'

이러한 김진섭에 대한 평가는 대부분 이와 같은 사항들과 연결되어 있다.

수필은 한국 근·현대문학에서 1930년대까지 문인들의 여가 한담餘暇閑談, 감상문 정도로밖에 생각되지 않았다. 그것을 당당한 문학의 장르 수준으로 끌어올린 사람이 김진섭이다.

독문학을 전공한 김진섭은 「해외문학」 동인에 가담하고, 「극예술연구회」의 멤버이기도 했다. 카프의 경향문학에 반발, 외국문학을 적극적으로 소개하고 평론 「표현주의 문학론」을 쓰기도 했다.

그의 번역은 뛰어난 명역번역으로 평가받는다. 첫 수필집 『인생예찬』의 맨 앞머리에 번역하여 실은 안톤·슈낙의 수필 「우리를 슬프게 하는 것들」은 김진섭이 얼마나 훌륭한 번역가인가를 확인하는 증표로 지금까지 높이 평가되고 있다.

이번에 『백설부』를 표제로 삼아 그의 글들을 묶어내면서 「우리를 슬프게 하는 것들」을 함께 싣는 까닭도 거기에 있다.

김진섭 수필의 만연체 문장, 단락을 거의 무시하고 계속 이어 쓴 줄글 형태, 한자어의 남용 등은 오늘날 독자가 읽기에는 매우 난삽하다. 원래의 모습을 훼손하지 않는 범위에서 오늘날의 표기법 체계로 바꾸었다. 계속 이어진 만연체의 줄글들을 가능한 한 단락을 나누어 제시하려고도 하였다.

수필집 『인생예찬』과 『생활인의 철학』을 기본 텍스트로 했다.

소설가 박종화의 글 「청천을 생각하며」 역시 김진섭의 수필을 이해하는데 좋은 길잡이 역할을 할 것으로 기대되어 권말에 실었다.

2012년 초여름 김선학

모송론 母頌論[001]

 사람이면 사람이 모두 그가 이 세상에 나오게 된 것을 누구에게 감사할 이유는 물론 없을 것입니다. 사람이란 흔히 다른 사람이 뿌린 씨를 자기 스스로 거두지 아니하면 아니 되는 괴로운 운명을 슬퍼하기도 하는 까닭이올시다.

 자기의 뜻에는 없는 일이지만, 그러나 이왕 사람이 이 세상에 나온 바에야 구태여 무엇을 슬퍼하오리. 되도록이면 기쁨을 찾음이 보다 현명한 방도가 아닐까요? 인생이 얼마나 불행한 가운데 있다 하더라도 모든 사람이 어머니를 가질 수 있다는 점만은 행복한 일입니다.

 이 세상에 생을 받은 오인吾人[002]의 찬송은 그러므로 무엇보담도 첫째, 우리들의 어머니 위에 지향되지 아니하면 아니 될 것입니다. 어려서 이미 어머니를 잃고 클수록 커지는 동경의 마음을 채울 수 없는 아들의 신세가 이 세상에서 다시 볼 수 없는 큰 불

---
001 '어머니를 글로써 예찬하다'는 뜻
002 나

행이라면, 어려서는 어머니의 품안에 안기고, 커서는 어머니의 덕을 받들어 모자母子가 한 가지 늙는 사람의 팔자라면 이 세상에서는 다시 구할 수 없는 큰 행복일 것입니다. 아니지요, 이러한 구구한 경우를 떠나서도 모든 사람이 어머니의 뱃속에서 나왔다는 단순한 사실, 그것이 벌써 한없이 행복스러운 일입니다.

생각만이라도 해보십시오. 만일에 어머니라 하는 이 아름답고 친절한 종족이 없다면, 대체 이 세상은 어떻게 되어갈까요? 이 괴로운 세상을 찬란하게까지 장식하고 있는 모든 감정, 가령 말하자면 저 망아적忘我的 애정, 저 심각한 자비慈悲, 저 최대한의 동정, 그지없이 긴밀한 연민, 저 절대한 관념- 이 모든 것은 이곳에서 사라져버리고야 말 터이지요.

그리하여 이 세상이 돌연히 한없이도 어두워지고 우울해지고, 고달파질 터이지요. 참으로 어머니와 아들의 결합과 같이 힘차며, 순수하며, 또 신비로운 결합은 어떠한 인간관계 속에서도 찾아낼 수 없습니다. 이 세상에서 우리가 고향이라 부를 만한 것이 있다면 새로 생긴 자에 대해 그에게 영양을 제공하고 그에게 생명을 부여하는 어머니야말로 참된 향토鄕土가 아닐까요? 어린아이뿐만 아니라 성장하여 가는 아동에 있어서도 어머니는 영원히 그들의 괴로워할 때의 좋은 피난소이며, 그들의 즐거워할 때의 좋은 동감자입니다.

이런 아이가 어찌하여야 할 바를 모를 때, 그는 반드시 어머니를 향해 웁니다. 아프고 괴로워 위안이 필요할 때 그는 바삐 어머니의 무릎 위로 기어갑니다. 어머니에 대한 그의 신뢰는 참으로 한이 없습니다. 어머니에게는 도움이 있을 것을, 어머니에게는 귀의심歸依心이 있고 이해력이 있는 것을 그는 알고 있는 까닭입니다. 사실에 있어서 어머니의 손이 한 번 가기만 하면 모든 장애물은 가볍게 무너지고, 모든 것은 좋게 되는 것입니다. 또한 성인의 어머니에게 대한 신빙성이 이에 못할 수 없겠지요.

어머니가 생존하여 계시는 동안 우리는 고요히 웃는 마음의 고향을 가지는 것입니다. 우리는 결코 외로울 수 없으며, 우리는 결코 어두움 속에 살 수 없습니다. 참으로 어머니는 서 하늘에 빛나는 맑은 별과 같이 순수합니다. 그것이 무엇이 이상할 것이 있겠습니까? 아무 것도 이상할 것이 없습니다. 왜 그러냐 하면, 우리는 어머니의 피로부터, 어머니 정신으로부터, 어머니의 진통으로부터 나온 까닭이올시다. 어머니는 우리의 뿌리인 것입니다. 어머니는 인간의 참된 조국인 것입니다.

어린아이는 어머니에게서 말하는 것을 배웁니다. 우리가 자기 나라 말을 가리켜 모어母語라 부르는 것은 이 점에 있어서 결코 우연한 일이 아닙니다. 아이는 어머니에게서 도덕과 지식 일반의 최초의 개념, 저 재미있는 옛날이야기, 지극히 자극적인 노래와 유희를 처음 배우는 것입니다.

사람과 사람의 결합에 있어서 어머니와 아들 사이와 같이 그렇게도 긴밀한 사이를 가지고 있는 인간적 결합은 실로 어느 곳에서도 발견되지 않습니다. 사람은 여기 있어서 곧 아버지의 엄연한 존재를 생각할 터이지요. 그러나 아버지는 집 안에 앉아 계시기보다는 집 밖에 많이 나가 계십니다. 아버지라는 이들은 흔히 어머니 가까이 있어 한 가지 아이를 애무하기에는 너무나 바쁜 몸입니다. 그는 가정 밖의 직업을 가지고 있고, 또 밖에 나서서 사업을 하지 아니하면 아니 되는 까닭입니다. 그러므로 아버지는 아이에게 대해 사랑할 인물이라기보담은 차라리 존경할 인물이 되는 것입니다. 암만 친절한 아버지라도 아이들은 거의 예민한 식별력을 가지고 아버지를 어머니같이 만만하게는 보지 않는 것입니다. 그것은 말하자면, 어머니가 '친밀의 원리'를 가지고 항상 아이들을 양육하는 입장에 서 있는데 대해서, 아버지는 '엄격의 원리'에 사는 하나의 교훈적 존재인 까닭이겠지요.

커가는 아이가 사랑하는 어머니와 떨어져 자기의 길을 자기 홀로 걸어가려 할 때, 세상의 모든 어머니는 이때 반드시 퍽이나 괴로운 시간을 체험치 않을 수 없습니다. 아이의 디디는 발은 처음엔 위태스러워 보이고, 무색無索[003]하는 듯이 보이지만, 그러나 나중에는 확고한 의식을 가지고 일정한 목적을 향하여 용감하게 걸어가는 것입니다. 그러나 어머니의 눈에는 언제든지 아들이란 그가 얼마나 나이를 먹었어도 결국 어린아이로서 밖에는 비치지 않는 까닭으로 어머니는 이때 적지 않은 불안을 느끼기 시작하는 것입니다.

어머니 없이는 한 시를 살 수 없는 것 같은 아이가 이제는 어머니를 필요로 하지 않을 뿐 아니라, 어떤 경우에는 무용의 장물長物[004]로서까지 여김을 받을 때, 즉 이제까지는 말하자면 어머니의 일부분이던 아이가 나중에는 어머니와 완전히 떨어져 자기 혼자서 생활을 꾀할 때 어머니 되는 사람의 근심과 슬픔은 비할 곳 없이 크다 아니할 수 없습니다. 더욱이나 나이 젊은 아들이 택할 길과 어머니가 그네들의 사랑하는 아들을 위하여 꿈꾸고 있는 길이 전연히 다를 때 어머니의 실망이 일시에 커져갈 것은 두말할 것도 없습니다.

여기 모자母子 간에 서로 다리를 걸 수 없는 한 개의 큰 분열은 생기고 마는 것입니다. 여기서 사랑하는 어머니와 사랑하는 아들 사이에 피할 수 없는 하나의 두터운 소원疎遠[005]이 일어나

---

003 제대로 찾지 못함
004 불필요한 물건
005 거리가 있어 서먹서먹하다.

고야 마는 수도 물론 이 넓은 세상에는 드물지 않는 것입니다.

물론 모두가 아들을 진정으로 사랑하는 마음으로서부터 이겠지요. 어머니는 자기와 자기 견해에 아들을 복종시키려고 만반의 책策을 강구하여 봅니다. 그러나 대개 이 방법은 수포로 돌아가고 마는 것입니다. 이때 어머니는 고적을 느끼고, 냉대를 느끼고, 모욕을 느낄 터이지요. 왜 그러냐 하면, 원래 성장의 시기에 있는 아이들이란 은덕을 알지 못하는 까닭입니다. 그들은 자기네의 길만 이기적으로 걸어가는 것입니다. 그러나 우리는 이러한 그들의 이기주의를 어찌 나쁘다고만 할 수 있겠습니까? 참으로 이 이기주의는 모든 새로운 시대가 자기 자신의 독특한 이상을 가지는데 유래하여 있는 까닭이올시다. 즉 하나의 새로운 시대에 속하고 있는 이 젊은이들은 청년의 의기를 가지고 그들 자신의 이상을 실시하려 함에 문제는 그치는 것입니다.

시대와 시대 사이에는 항상 격렬한 투쟁이 계속되었던 것입니다. 그러나 시대가 다를 때마다 싸움은 새로운 것입니다. 그리하여 아들은 어머니의 영향을 철두철미 물리치고 드디어 이로부터 벗어나려 애를 쓰는 것입니다. 어머니의 인격이 강하면 강할수록 아들의 반항은 크고 아들의 태도는 적의를 품은 듯이 보이는 것입니다. 어려서는 어머니의 치마를 밟는 것입니다마는, 커서는 어머니의 가슴 속을 박차는 것입니다. 이것은 확실히 현명한 아들들의 큰 비애임에 틀림없습니다마는, 애정과 정의와는 스스로 별자_別者_006인 것을 사람은 인정하여야 되겠지요.

그러나 물론 아들의 발에 얼마나 짓밟힌 어머니도, 어머니는 결코 그네들의 아들을 버림이 없습니다. 이 세상에는 참으로 이른바 인생의 황야를 잘못 방황하고 있는 많은 사람의 무리가 있습니다. 어떠한 자는 악한이 될 수도 있습니다. 어떠한 자는 도적이 될 수도 있습니다. 어떠한 자는 모반자_謀反者_가 될 수도 있습니다. 어떠한 자는 범인이 되고, 어떠한 자는 살인수_殺人囚_가 될 수도 있겠지요. 이때 이렇게까지 된 아들에 대한 어머니 심중_心中_은 어떻겠습니까? 최후의 한 사람까지 이 범죄자가 벌써 용서하려 하여 주지 않을 때라도 어머니만은 그를 용서하여 주는 것입니다. 모든 사람이 이 타락자에 대해 넘칠 듯한 증오와 기피의 정을 보낼 때에도 어머니의 사랑만은 부동_不動_입니다. 어머니는 오직 아들의 심사를 이해하려 할 따름입니다. 참으로 어머니의 마음같이 이같이도 감동적인, 이같이도 숭배에 값할 것은 없겠지요. 참으로 어머니의 마음같이 이같이도 움직일 수 없는 암석연_岩石然_007한 물건도 이 세상에는 없겠지요.

모든 사람의 마음 속 깊이에는 설사 그가 퍽은 흉맹한 자라

---

006 다른 것
007 바위와 같은

할지라도 어머니에 대한 신앙만은 끊어짐이 없이 존속되어 있습니다. 저 어머니의 사랑에 대한 신앙, 저 어머니의 한도 없는 연민에 대한 불요불굴不撓不屈의 신앙이 말이지오.

보십시오. 가령 교살 대상의 사형수는 그의 목 위로 도끼가 떨어지기 직전에 과연 누구를 찾아 부르짖습디까? 물론 그것은 어미올시다. 보십시오. 가령 전지戰地에 죽어 자빠지는 청년은 구원을 비는 최후의 비장한 규환을 누구에게 향하여 발하는 것입니까? 그것은 어머니올시다. 최후의 고민과 최후의 절망에 있어서 사람은 될수록 그들의 낯을 어머니에 향해 돌리려 합니다. 그들이 어렸을 때에 하던 그 모양으로 말이지요. 어떠한 다른 수단으로서 벌써 구제할 수 없는 경우에라도 어머니는 일개 신성神性의 자격을 가지고 오히려 또한 아들의 최후를 건지는 수가 있는 까닭이올시다. 운명의 손에 이미 버림을 받은 몸이지만 아들에 대한 무한애無限愛의 전능적 역한力限008에 의하여 어머니는 아들의 천명天命을 다시 한 번 연장시킬 수도 없지 않는 것입니다.

어머니의 타오르는 심장의 불꽃이 운명의 매를 막을 수 없을 때엔 모든 희망은 간 것입니다. 여기 결국 최후의 공포는 슬픔에 찬 밤에 싸여 오고야 맙니다.

세상의 많은 어머니시여! 당신네들은 이미 벌써 우리가 당신

---

008 힘의 한계

네들로부터 멀리 떨어져 버린 줄 알고 계시겠지요만, 우리들 마음 속 깊이는 그러나 아직도 오히려 말살할 수 없는 세력을 가지고 당신네에게 얽혀 있습니다. 이 세상의 모든 여성은 그들이 사람의 어머니가 될 수 있는 점에 있어서 참으로 이 위에도 없이 신성한 존재입니다.

1930년 「여성」

하일염염 夏日炎炎[009]

동선하로 冬扇夏爐[010]의 변 辯

일 년에 한 번 하절夏節이란 있을 수 있는 것이다. 그것은 틀림없이 봄이 간 뒤에는 반드시 오는 듯하다. 여름이 가면 가을이 오고, 가을이 자리를 비키면 겨울이 그곳에 착석한다. 인간은 이러한 시절 가운데 처하여 그 기후에 될수록 적응한 생활을 하면서 어디까지든지 안일을 꾀하려 한다. 문명이라 하며, 문화라 하며, 이 인간 혜지慧智의 정수는 어떻게 하여야 사람이 안일하게 살 수 있을까 하는 요구의 필연한 산물에 불과하다. 편하게, 그리고 즐겁게 많이 웃고 오래 살려는 것이 결국은 인간 최후의 생활철학이 됨을 나는 여기 구태여 말하려는 것은 아니다.

이러한 한없이 강렬한 의욕에도 불구하고 우리는 천연의 기

---

009 '夏日'은 여름날, '炎炎' 태양이 이글이글 타올라 덥다는 뜻. '하일염염'은 아주 더운 여름날
010 겨울의 시원한 부채, 여름의 더운 화로

후가 맹목적으로 작용시키는 바 지배세력을 드디어 발무撥舞[011] 할 수 없음을 지적하고자 할 따름이다. 그리하여 태고 이래, 요 컨대 봄은 따시고 여름은 더웁다. 요컨대 가을은 서늘하고 겨울은 차다.

문명의 이기利器 선풍기 옆에 문화적 간식 아이스크림을 먹으며 등에 흐르는 땀을 가시고 있는 정상情狀[012], 이 역시 누가 보아도 여름의 풍경에 틀림없는 것이며, 스팀 옆에 옹종거리고 앉아 사정없이 창을 때리고 가는 찬바람에 두려두려[013] 귀를 기울이고 있는 자세, 이 역시 누가 보아도 겨울의 화상畫像이 아니면 아니다. 봄이라 하여 꽃구경, 가을이라 하여 달구경―여하간 인간생활은 대단히 구구하기도 하다.

『중명衆明』[014]기자 내 등을 천하에 내밀며 구하되 여름을 찬미하라 한다. 돌아볼수록 사면四面은 이제 하일夏日이 염염炎炎할 뿐이다. 설령 그것이 누구의 청請이건 나는 이 열에 못 이겨 남 먼저 그늘을 찾지 않을 수 없는 자이다. 그늘이란 두말할 것도 없이 더위에 대한 상대적 개념인 까닭이다.

여름을 저주함도 나의 직책이 아니려니와, 더위에 허덕이며

---
011 다스리다
012 모습
013 움츠러들이는 모습
014 이 글이 처음 실렸던 잡지 이름

뱃심 좋게 여름을 찬미함은 더욱이나 나의 할 바 아니다. 여름의 진리는 그 쏘는 듯한 광휘와 그 찌는 듯한 작열에 있다. 내 반드시 이를 사랑할 의무는 없는 것이다.

세상에 찬미될 만하면서 찬미되지 못한 너무나 많은 사물이 있음이어늘, 왜 구태여 여름에 강하지 못한 나더러 팔월의 적제赤帝[015]를 환대하라 함인지 실로 이해하기에 괴롭다. 사랑할 수 없는 것을 사랑하게 하려는 포학暴虐같이 심한 형벌도 드문 것이다.

여름은 여기 와 있고, 여름이란 본시 더운 것이라는 이 정당한 인식만으로 문제는 충분치 아니한가. 그것의 시비를 논의할 여지는 조금도 없는 것이다. 암만 숙고해 보아도 여름은 더운 것이고, 암만 반성해 보아도 더운 것은 사람에게 싫은 것이다.

하일이 염염한 이 절차節次에 서느러운 문장을 쓸 임무를 지게 된 내가 반대로 동선하로冬扇夏爐를 독자에게 제공하는 이유는 써[016] 이와 같다. 다행이 문명은 우리에게 약간의 청량제를 준비하여 주고 있으니, 더운 사람은 만사를 제쳐놓고 그것에 향하여 돌진함이 좋을 것이다.

---

015   여름을 맡은 남쪽의 신. 오방신장의 하나
016   그리하여

동경왕래 憧憬往來[017]

또 더운 여름은 왔다. 그러나 조금도 놀랄 까닭은 없는 것이다. 생활은 의연히 계속된다. 그리하여 모든 다른 사람이 아무 일 없는 듯이 살고 있으니까, 나도 따라서 이 여름을 살아볼까 함에 지나지 않는다.

사람이 산다는 것은 참으로 무서운 습관이기도 하다. 내가 사는 이유는 곧 다른 사람이 사는 이유다. 더욱이 얼음이 무척 소비되는 것도 이유가 없지 아니하다. 세상이 사람을 통하여 백의백화白衣白靴[018]를 가득히 도량跳梁[019]시키니 할 수 없이 나도 따라 흉내는 내었으나, 자! 대체 이 인생 생활이라 하는 이 난업難業이 이로써 석연釋然히 해결될지 더욱 알기 어렵다. 믿지 못할 어떤 사람들의 정책이 생기기 전에 이미 잡히게 된 몸이었다.

이 인생을 생각함은 벌써 내 프로그램에는 없는 일이지만, 하루를 살면 살수록 이 하루는 나에게 인생의 형상을 투시할 수 없게 하는 일의 흑막을 내리고 간다. 하루는 실로 번뇌한 피로일 뿐이다. 너무나 우리의 사는 의미가 명확하고 단순한 까닭으로 이 인생은 더욱 알 수 없는 것이 되기도 한다.

---

017 바라고 있던 것에 왔다 갔다 함
018 많은 옷, 많은 신발
019 함부로 날뛰어 다님

그를 요구하는 사람의 불법不法을 우리는 인식할 따름이다. 본래 인생이란 별것이 아니잖느냐? 겨우 두어 갈래의 흰 길을 공연히 왕래하는 것이 사람의 속일 수 없는 현실인 것이다. 아침에 어디인지 나갔다가 저녁에 어디인지로 돌아간다. 똑같은 흰 도로를 가운데 두는 두 군데의 일정한 장소다.

따사로우니 봄인가 한다. 더우니 여름인가 한다. 서늘하니 가을이며, 추우니 겨울인가 한다, 계절이란 동동憧憧[020]히 왕래하는 노상路上의 감각에 그칠 뿐이다. 산중에 역일曆日이 없다 한다. 그러나 저자에도 흔히 일자日字는 소용이 없는 것이다. 갖고 싶은 때 기념할 날은 우리는 갖지 않는 까닭이다. 축배를 들 기회를 우리는 영원히 잃어버린 것이다.

간혹 집밖에 갈 곳이 없는 우리가 형세에 어울리지 않는 탈선을 하게 된 밤, 이 무내용無內容하나 한없이 복잡한 밤을 우리는 구태여 행복하다 생각하지 아니하면 아니 된다. 그러나 항상 행복은 후회 없이는 오지 않았다.

우리의 낭만주의는 걸어보지 못한 길을 걷는 데 있었다. 걸어보지 못한 길은 언제든지 위험하였다. 하나 우리의 행복이 반드시 타인의 불운을 의미할 때 우리는 이 조그만 야심, 이 조그만 자극을 참으로 사랑할 수는 없었다.

---

020 마음이 가라앉지 않고 움직이는 상태와 같이

그러므로 우리는 여름이 왔다 하여 그를 기이하게 생각할 수는 없다. 더욱이 그를 찬미할 능력은 전무하다. 여름은 여름이어라, 결국 우리는 우리인 것이다. 더위에 대하여 준비하는 것은 본시 오인吾人의 생활 태도에는 구할 수 없는 것이다. 온溫, 서暑, 량凉, 한寒이라는 사계의 온도를 제외하면 계절의 차이란 없다. 꽃은 온실에 가면 사철 피어 있고, 겨울의 점두店頭에도 수박의 향기는 떠 있다. 이곳 사과나무에서 사과가 떨어졌을 때 미국의 사과나무에 사과가 맺힌다. 그러고 보면 계절의 차이란 결국 배양의 문제이며, 또 수입의 문제일 뿐이다.

목가연연 牧歌戀戀[021]의 정情

사람이란 항상 자기의 현실에서 잠시라도 떠나려 노력한다. 모든 사람은 각기 그에 상응한 고뇌와 우려를 가지고 있는 것이다. 그리하여 사람은 무엇인지 알 수 없는 다른 것을 동경하여 마지않는다. 사람이란 언제든지 현재에 만족하지 못하는 동물인 까닭이다.

인생의 생활면은 결코 순탄치는 않다. 그러므로 그가 간혹 노怒하다 하여 전혀 그의 죄로서만 돌려서는 아니 된다. 그가

---

021 전원을 그리워하는 마음

노함에는 그의 생활 배후에 신성한 이유가 누워 있었던 것이다. 그러나 우리는 될수록 우리의 고난을 잊어야 한다. 화원의 향기를 더듬어 이 어여쁜 식물의 애정 깊은 화학작용에 의하여 얼마간이라도 위로되는 기회를 될수록 놓치지 않음이 필요한 것이다.

사람은 무엇인지 알 수 없는 것에 대하여 그리운 시선을 보내고 있다. 우리가 오늘에 항상 목가牧歌에 대한 희망을 버리지 못하고 있는 것은 전연 이유 없지 아니하다. 자연의 혜택을 상상할 수도 없게 많이 입고 있는 옛사람도 일찍이 고달픈 속세를 버리고 산간소곡山間小谷에 고요한 은둔생활을 영위한 사실은 우리가 잘 알고 있다. 실로 목가에 대한 동경은 인간의 가슴 속에 뿌리 깊이 박힌 하나의 요구로서 예로부터 전래된 것에 속한다.

우리는 우리의 생활 이상理想이 과연 무엇인가를 모른다. 그러나 하여간 우리는 고향을 갖지 않는 자이다. 나이 사십에 소지주가 되어 파리 혹은 낭시를 등지고 강변 가까운 곳에 멜론이나 따 먹고 칠면조나 키울 수 있을 만한 정원이 붙은 소정小亭을 짓고 살려함은 홀로 불란서인의 생활 이상에 그칠 따름일까?

일찍이 로마의 신시나투스[022]가 그리고 그리던 초곡鍬钁[023]의 평

---

022 Cincinnatus 로마의 애국자
023 흰담비의 털가죽

화를, 혹은 오딧세이가 성도聖島 칼립소에 건설한 꿈을 우리도 오늘에 철없이 그리는 바 아니지만, 목가에 대한 우리의 한없이 애달픈 희망은, 그러나 인생의 황야를 방황하고 있는 우리에 있어서는 그 생각만이 벌써 우리를 윤택하게 하여 주는 녹지綠地가 된다.

그 어느 사람이 새로운 나라에 대한 동경을 그의 깊은 내면에 지니고 있지 않은 자者이여! 아, 목가에 대한 동경이 죽음에 이미 오인吾人은 생자生者가 아니다. 이 새로운 나라란 단지 멀리서 빛나는, 그러나 현실의 지도에는 보이지 않는 나라일지도 모른다. 그것의 존재를 이제 우리는 묻지 않는다. 그것은 참으로 우리를 행복하게 하는 지리적 개념이 되면 충분하다. 개연적蓋然的 유희를 우리는 흔히 목가와 더불어 농弄하는 것이다.

어느 때에 우리가 목가를 추구하지 아니하려면 특히, 여름이 되면 이 무르녹은 더위가 우리의 인생고人生苦와 아울러 우리의 목가에 대한 동경의 정을 강조하여 마지 아니한다. 우리는 이 더위를 피하면서 한 가지 우리의 목가를 그리운 산, 그리운 바다에서 찾아보려는 것이다.

도피행 逃避行

인생의 우고憂苦[024]는 결코 적지 아니하다. 그 위에 더위는 이제 우리를 물고 놓지 않는 것이다. 피할 수 있으면 이 환영할 수 없는 온도라도 피하고 싶다. 보천지하普天之下[025]에 혁혁한 서열暑熱[026] 없는 곳이 없다 하되 시원한 특수지대는 또한 있을 수 있다. 바다의 잔잔한 물결은 뛰고, 산악에 푸른 고목高木은 웃고 있다. 다행히 하기夏期의 일부는 우리의 생활 습관에 의하면 흔히 면免치 못할 노동을 잠깐 중단하는 구두점이 되어있다.

우리는 여기 우리의 목가에 대한 저 동경의 정을 실현할 기회를 갖는 것이다. 얼마간 여비를 장만해 넣고 당연히 낡아빠진 의자를 차버린 후 여행 가방을 손에 들고 피서지로 갈 수 있는 때의 우리의 마음은 무어라 하여도 경쾌하다 아니할 수 없다.

기차는 달아난다. 알 수 없는 나라를 향하여 기차는 이제 달아나고 있다. 생각하면 기차를 탄 지도 오래간만이다. 기차에 행복스러이 흔들리면서 우리의 마음은 괴로운 현실을 떠나 약간의 우수가 없지는 아니하나 어떻게도 가벼운지 모르겠다. 이 신체의 미동微動만으로 완전히 우리는 취하여 버리는 것이다. 군부郡部에서 군부로, 촌락에서 촌락으로, 이 정거장에서 저 정거

---
024 우울하고 고통스러움
025 온 세상
026 여름의 삶는 듯한 더위

장으로, 탄탄한 평야를 기차는 힘차게도 질구疾驅한다. 그러나 우리를 태우고 기차는 오직 질구할 뿐이다.

우리는 차차로 권태를 느끼기 시작한다. 우리가 일찍이 연모하던 목가는 이제 어디 있는고? 차창으로 내다보이는 것은 평탄한 나라인 이외의 어떠한 다른 골상骨相을 가지고 있지는 않다. 어떠한 변화가 있는 것이 아니며, 어떠한 파노라마가 있는 것이 아니며, 또 어떠한 모험이 있는 것도 아니다. 이 건조무미한 무모험無冒險, 우리는 일하던 손을 멈추고 돈을 들여서까지 단순한 여수旅愁를 기차에서 산 자기의 경박輕薄을 후회하지 않을 수 없다.

후회하여도 이제는 쓸데없다. 기차는 우리를 태우고 오직 질구할 뿐이다. 우리는 보지 않으려야 보지 않을 수 없다.—들과 밭에 사람을 본다. 소읍小邑의 행인을 좁은 길 위에서 발견한다. 그들의 방문 앞에 앉아 있는 아이들을 본다. 어린 초동草童들이 산등결에 앉아 기차의 통과를 갈채하는 광경을 본다. 남녀노소 또 그들에 속하는 유용한 동물 및 무용한 동물의 다수를 우리는 보는 이외에 연돌煙突에서 나오는 연기를 보며, 부엌에서 나오는 연기를 본다. 수대數臺의 마차, 수대의 인력거, 혹은 노동하는 광경, 혹은 쉬고 있는 풍치風致—우리는 결국 우리 자신의 토지에서 하고 있는 일상생활을 지리를 조금 달리하여 여기 기차를 타고 보고 있음에 불과하다.

우리의 가는 곳에 청산이 빛나고 해수海水가 움직인다 하여도 우리의 눈에 굳세게 사무치는 것은 한 가지. 일어나 먹고, 마시고, 사랑하며, 미워하며, 그리하여 잠자는 것과 현실적 인식이다. 여기 대도회와 조금이라도 다른 낭만주의가 어디 있느냐?

와방수난臥房受難의 도圖[027]

모든 것은 운명이다. 그러므로 우리는 우리 앞에 부딪친 운명을 가장 아름답다 생각함이 긴요하다. 도회인에게는 무어라 하여도 도회가 좋다. 산광해색山光海色[028]을 그다지 선망하지 말라. 그에 대신할, 아니 그 이상의 인지人智는 도회의 여름을 장식하고 있지 아니한가?

찬 장판방에 가만히 엎드려 소낙비나 쏟아지면 이를 우리는 우리의 자연이라 하고자 한다. 나날이 오는 신문이 서늘한 기사를 만재滿載하고 있다. 여름의 잡지는 천하의 산수山水를 그대로 가지고 우리의 코앞에 오는 것이다. 우리는 발을 조금도 움직일 필요가 없이 콩 태자太字로 팔자 좋게 드러누워 이 인쇄물이 싣

---

027 방에 누워서 어려움을 겪는 모습
028 산 빛과 물의 색깔

고 온 양미凉味[029]를 두 눈으로 뜨면 그만이다.

여름에는 무엇보다도 움직이는 것이 나쁘다. 조그만 움직거리면 땀이다. 살과 옷 사이를 땀이라 하는 염류가 도도히 흐를 때 그것은 확실히 불쾌한 감각이다. 그러므로 우리는 무위의 진의를 여기서 습득하기 시작하여야 한다. 팔월의 재료에 의하여 몸을 될수록 가벼이 가진 후 만사를 가을에 미루고 고요히 언제까지든지 누워 있을 수 있을 때까지 누워 있으면 이 피서법은 실로 만점이다. 언제까지 드러누울 수 있을지 모른다.

그러나 밤이 되어 저 무수한 형리刑吏가 결코 동의할 수 없는 악취를 가지고 사람의 피를 짜려할 때 어지간한 사람은 그의 무연상태無然狀態[030]를 지속할 수 없다. 이것 만에 대해서는 필자 역시 몸을 일으켜 어떠한 형식에 살육을 감행하지 않을 수 없는 것이다. 본의에 없는 땀을 흘리면서 나는 인체를 특히 괴롭히는 이 생물의 명예에 대하여 생각하기도 하는 것이다.

여름이 다 가도록 누워만 있을 수도 없는 일이다. 밤의 서늘함을 이용하여 도회의 밤을 거닐면 여름의 밤같이 유혹적인 시간도 드물다. 모든 것이 해방적이다. 그러나 보이는 만치 또 해방적이지는 않다. 아름다운 그리고 또 더러운 비궁秘宮에 들어갈

---

029 써늘한 맛
030 무심한 상태

듯이 들어갈 수 없는 고달픈 민정悶情[031]이 여기는 있다.

만질 듯이 만질 수 없는 여자의 살의 고혹蠱惑에 대하여서도 많은 시詩는 있을 수 있을 것이고, 활짝 열린 창에서 가득히 흘러내리는 피아노의 절주節奏에도 어쩐지 친근하기 쉬운 애정이 팽창하여 있는 듯하다. 돗자리 한 벌을 격隔하여 땅 위에서 자는 사람들, 나도 곤한 다리를 그 사이에 넣고 자 보았으면 하는 사교욕社交慾을 한없이 일으킨다. 인생 고뇌와 인생 향락은 결국 최후에는 일치하는 것임을 나는 여름의 밤에 흔히 느낀다.

선풍기는 돌아간다. 인공폭포는 떨어진다. 산수山水는 벽에 붙어 있다. 이는 도회의 실내 풍경이다. 우리는 간혹 카페 한 구석 의자에 앉아 얼음을 마시고 있는 것이다. 여급은 그 신선한 피부에 땀을 가벼이 추기면서 더위에 잔뜩 이완弛緩하고 있다. 그대의 손가락은 알라바스터雪花石膏[032] 같이 투명하다. 여름은 모든 생물의 세포를 윤택하게 갱생시키는 것이다. 이 광선! 이 내 마음!

도회의 생활에 달은 전혀 무용하다. 그러나 여름의 밤에 달이 뜨면 그것은 헛되이 하늘에 속할 뿐인 정문定紋[033]은 아니다. 호외戶外에서 사는 우리의 정서에 그것은 하나의 아름다운 자

---
031 근심
032 눈꽃같이 흰 석고
033 무늬

극을 준다. 중추의 달이 쾌랑快朗하다 하되, 그것은 너무도 찬 감感이 있다. 우리는 땅을 베개하고 아무 장애가 없이 또 자연하게 이 여름밤의 달을 처음 만끽할 수가 있는 것이다.

우리의 생활이 개방적인 것 같이 또한 여름의 사상이 개방적이다. 우리는 이 발랄하고 무비밀한 감정을 여기 기록하여도 좋을 것이다. 그러나 이미 호외에 나타난 언어를 나의 붓으로 힘들여 전달하는 노력을 생략함이 더욱 타당한 일일 것이다. 우리는 각기 밖에서 이를 보고 또 들으면 좋다. 여름에는 많은 것이 보이고 또 많은 것이 들려오는 까닭이다.

1933년 8월 「중명」 3호

창窓

 창을 해방의 도道에 있어서 잠시 생각하여 본다. 이것은 내 생활의 권태에 못 이겨 창측窓側에 기운 없이 몸을 기대었을 때, 한 갈래 두 갈래 내 머리로부터 흐르려든 사상의 가난한 한 묶음이다.

 철학자 게오르크 지멜[034]은 화병의 손잡이로부터 놀랄 만한 매력이 있는 하나의 세계관을 도출하였다. 이것은 적어도 하나의 유명한 사실임을 잃지 않는다. 이 예에 따라 나는 여기 한 개의 창을 관찰의 대상으로 삼으려 한다. 그러나 이것이 과연 하나의 버젓한 세계관이 될지, 아니면 하나의 명색「수포水泡철학」에 귀歸하고 말지는 보증의 한限이 아니다. 그 어떠한 것에 이「창측의 사상」이 속하게 되든, 물론 이것은 나쁘지 않은 기도企圖에도 불구하고, 아직은 하나의 미숙한 소묘에 그칠 따름이다.

 창은 우리에게 광명을 가져오는 자이다. 창이란, 우리의 태양임을 의미한다.

---

034 Georg Simmel(1858–1918) 독일 출신의 사회학자

사람의 눈이 창이고, 집은 그 창이 눈이다. 오직 사람과 가옥에 멈출 뿐이랴. 자세히 점검하면 모든 물체는 그 어떠한 것으로 의하든지 반드시 통로를 가지고 있음은 두말할 것이 없다. 우리는 그 사람의 눈에 매력을 느낌과 같이 집집의 창에 한없는 고혹을 느낀다. 우리를 이와 같이 견인하여 놓으려 하지 않는 창측에 우리가 앉아 한가히 내다보는 것은 하나의 헛된 연극에 비교될 성질의 것은 아니다. 우리가 여기서 볼 수 있는 것은 너무나 많은 것- 즉 그것은 자연과 인생의 무진장한 풍일豊溢035이다. 혹은 경우에 따라 세계 자체일 수도 있는 것 같다. 창 밑에 창이 있을 뿐 아니라, 창 옆에 창이 있고, 창 위에 또 창은 있어 눈은 눈을 통하여, 창은 창에 의하여 이제 온 세상이 하나의 완전한 투명체임을 볼 때가 일찍이 제군에게는 없었던가.

우리는 언제든지 될수록이면 창 옆에 머물러 있으려 한다. 사람의 보려고 하는 욕망은 너무나 크다. 이리하여 사람으로부터 보려고 하는 욕망을 거절하는 것 같이 큰 형벌은 없다. 그러므로 그를 통하여 세태를 엿볼 수 있는 유일한 기회를 주는 창을 사람으로부터 빼앗는 감옥은 참으로 잘도 토구討究된 결과로서의 암흑한 건물이라 할 수 있다.

그러나 우리가 창을 통하여 보려는 것이 과연 무엇인가를 알

---
035 풍부하고 가득함

지 못한다. 그럼에도 불구하고 우리는 보기를 무서워하면서까지 그것을 보려는 호기심에 드디어 복종하고 만다. 그러므로 우리는 창을 한없이 그리워하면서도 동시에 이 창에 나타날 것에 대한 가벼운 공포를 갖는 것이다. 창은 어떠한 악마를 우리에게 소개할지 사실 알 수 없는 까닭이다.

나라와 나라 사이에, 고을과 고을 사이에, 도로 산천을 뚫고 우리와 우리에 속한 것을 운반하기 위하여 주야로 달음질치는 기차, 혹은 알기도 하고, 혹은 모르기도 한, 변화한 거리와 거리에 질구疾驅하는 전차, 자동차— 그것은 단지 목적지에 감으로써만 의미가 있는 것일까? 아니다, 적어도 나에겐 그것이 이 세상의 생활에 직접으로 통하고 있는 하나의 변화무쌍한 창으로서 더욱 의미가 있는 듯싶다. 그러므로 우리는 항상 기차를 탈 때엔 조망이 좋은 창을 선택하려는 것이다. 그러함에 우리는 흔히 하나의 풍토학, 하나의 사회학에 참여하는 기회를 잃지 않으려는 것이다. 여행자가 잘 이용하는 유람 자동차라는 것이 요즈음 서울의 거리에도 서서히 조종되고 있는 것을 가끔 길 위에서 보지만, 그것을 볼 때 나는 이것이 흥미에 찬 외래자의 큰 눈동자로서 밖에는 느껴지지 않는다. 모르는 땅의 교통과 풍속이 이러한 달아나는 차창에 의하여 얻어질 수 없다면, 여행자의 극명한 노력은 지둔遲鈍한 다리와 발에 언제까지 지불되어야 할 것이다.

가령 비행기가 떴다 하자. 여기 어디서 불이 났다 하자. 그러면 그때의 우리는 가장 가까운 창으로 부산하게 몰린다. 그때 우리가 신사 체면에 서로 머리를 부딪침이 좀 창피하다 하더라도 관關할 바이랴! 밀고 헤쳐서까지 우리는 조망이 편한 창측의 관찰자가 되려는 것이다. 점잖스럽게 창과는 먼 곳에 앉아 세간世間의 구구한 동태에 무관심을 표방하고 있는 인사가 결코 없지 않으나, 알고 보면 그인들 별 수가 없는 것이다. 비행기의 프로펠러 소리에 그의 조화調和는 완전히 파괴되어 있는 것이다.

우리로 하여금 항상 창측의 좌석에 있게 하는 감정을 사람은 하나의 헛된 호기심이라고 단정하여 버릴지 모른다. 그러나 사람의 보려 하는 참을 수 없는 행동은 이를 헛된 호기심으로만 지적하기에는 너무도 심각한 것 같다. 참으로 사람이란 자기 혼자만으로는 도저히 살 수가 없는 것이고, 그보다는 다른 사람의 생활에 의하여, 또는 다른 사람의 생활을 봄으로써 오직 살 수 있는 엄숙한 사실에 우리가 한 번쯤은 상도想到[036]하여 보면, 얼마나 많이 창측의 좌석이 위급한 욕망에 영향을 제공하고 있는가를 용이하게 알 수 있다. 이리하여 우리가 달아나는 전차에 몸을 싣는다는 것은, 우리가 어떠한 목적지를 지향하고 있는 구실 밑에 달아나는 가로街路에 있어 구제하기 어려운 이 욕

---
[036] 생각이 미치어

망의 충족을 꾀함을 의미하는 것이다. 많은 사람, 사람의 무리, 은성殷盛한[037] 상점의 쇼윈도, 우리가 흔히 거리의 동화童話에 가슴의 환영을 여러 가지로 추리하는 기회를 여기서 가짐이 무엇이 나쁘랴. 도시의 가로는 그만큼 충분하고 풍부하다. 달아나는 창은 무엇보다도 그것을 더 잘 보여준다.

1934년 1월 「문학」

---

[037] 번화하고 풍성한

우송雨頌

이제부터는 차차로 겨울에 보기 드물던 비가 내리기 시작할 때다. 꽃을 재촉하는 봄비로부터 우울한 가을비에 이르기까지, 혹은 비비霏霏[038]하게, 혹은 방타滂沱[039]하게, 혹은 포르티씨모[040]로, 혹은 피아니씨모[041]로 불의에 내리는 비가 극도로 절약된 자연 속에 사는 도회인의 가슴에까지도 문득 강렬한 자연감을 일으키면서 건조한 대지를 남김없이 적실 시기가 이제 시작된 것이다. 참으로 비는 눈과 한 가지로 도회인에게 남은 오직 하나의 변함없는 태고시대를 의미하여, 오직 하나의 지묘至妙한 원시적 자연에 속한다. 겨울에 변연便娟[042]히 내리는 편편백설片片白雪이 멀고 먼 동경의 성국聖國을 우리가 사는 곳까지 고요히 고요히 싣고 와 우리에게 여러 가지의 아름다운 시취詩趣를 일으킬 수 있음에 못지않게, 또한 비는 우리에게 경쾌하고 청신한 정

---

038 부슬부슬
039 세차게
040 fortissimo(이태리어) 매우 세게
041 pianissimo(이태리어) 매우 약하게
042 아름다운 자태

감을 다양다모多樣多貌하게 일으킬 수 있는 것이다. -이제 본지本誌가 수필 일편을 청함에 맡겨 '우송雨頌'을 택한 것은, 지난 겨울에 백설을 바라다가 드디어 얻지 못하고 따뜻한 봄을 맞이하게 되니, 그 대상을 비의 자연에 구한다느니보다는 철이 되면 철 따라 요사이 어쩐지 비 자체가 한없이 그립기 때문이다.

대체 비라는 것은 물론 누구의 의견을 두드려 보아도 그렇겠지만 왔다가는 개고 개었다가는 오고, 말하자면 갈망의 결과로써 내려 세갈世渴043이 의醫044하면 그치는 바 물이라야 한다는 것이 나의 지론이다. 이리하여야만 모든 것은 그 자신의 질서 속에 더욱 명랑한 정신을 획득할 수가 있다. 노아의 대홍수는 광휘光輝 있는 사십일 간의 장림長霖045의 결과였다고 한다. 그 결과가 반드시 홍수에는 이르지 않는다 하더라도 밤낮으로 비만 오고 햇볕이 조금쯤 나타나려다가도 또다시 내리는 비에 숨겨지고 마는 지루한 장마가 계속되면, 모든 사람의 마음은 침울하게 되고 성급하게 되어 나중에는 세상을 저주하고, 하늘을 저주하고, 특히 무엇보다도 비라는 놈을 욕하고 주먹질 한다. 한발旱魃도 견디기 어렵지만 장림은 더욱이나 견디기 어려운 듯 보인다. 사실에 있어 비는 대부분의 사람에게 피해를 입히는 까

---

043 가뭄
044 해결되면
045 긴 장마

닭이다. 오직 그들의 소중한 금전옥답에 천연의 관개灌漑를 필요로 하는 농부들만이 다른 사람이 얼마나 많이 이 '궂은' 일기에 대하여 저주할 때라도 도저히 동감의 의意를 표하지 않을 따름이다. 참으로 농부들은 너무도 직접적으로 이 하늘이 주는 기적, 이 하늘이 내리는 축복을 체험하고 있는 까닭이다. 그들은 우후雨後의 놀라운 성장을 백곡천채百穀千菜[046]에 있어서 관찰하고 하늘의 섭리에 감사하여 마지않는 것이다. 그들에 있어서는 오늘과 같은 과학의 발달에도 불구하고 모든 자연 현상은 오히려 하나의 경이에 멈춘다. 그러나 반대로 도회인으로 말하면 피해를 입으면 입었지 그 은택을 느낄 기회를 전연 갖지 아니하므로, 우연히 우중봉사雨中奉仕를 직무로 택한 자동차 운전기사와 우산 제조업자의 일군을 제외하고 보면, 이들은 모든 종류의 비에 불의의 모욕을 느끼지 않을 수 없는 것이다. 이리하여 도회인은 흔히 지루한 비가 인간의 정신에 작용하는바 영향을 통론通論하여 그 때문에 유래한 퇴치할 수 없는 침울 속에서 어찌하여야 할 바를 모른다.

좀 생각하여 보라, 사실 비가 오면 예삿일이 아닌 것이다. 첫째로 불쾌한 것은 젖은 발이다. 화사華奢를 사랑하는 도회지의 신사 숙녀로서 분노의 정을 일으킬 뿐만이 아니라, 감기까지 모

---

[046] 여러 곡식과 채소

시고 오는 것이 실로 비 때문에 젖은 양말이며, 비 때문에 물이 된 구두인 데야 어찌 이 괴악한 그의 소행을 용사容赦할 수 있으랴!

비를 예찬하려는 의도를 가지고 붓을 든 나도 비에 젖은 신발의 불쾌감을 생각하면 비에 대한 일말의 증오심이 일어나지 않는다고는 할 수 없다. 그리하여 문제는 물론 이에 그치지 않는다. 우리는 더욱 나아가 우리 자신이 그것을 타기를 사랑하나 다른 사람이 타고 달리는 것을 싫어하는 도회지의 자동차가 특히 비오는 날 우리가 아껴야 할 의복에 사정없이 뻘을 한 주먹 뿌리고는 도망간 아직도 괘씸한 기억을 찾아낼 수 있으며, 또한 모처럼 벼르고 벼르던 일요일의 원대한 이상이 예기치 않았던 비 때문에 헛되이 무너지고 말았던 아직도 원통하여 참을 수 없는 지나간 기억, 또는 애인을 위하여 특별한 마음으로 장만하여 둔, 혹은 한 송이의 비단 꽃이, 혹은 한 권의 책이 불길한 징조를 예시하는 듯이 탐욕스러운 소낙비에 의하여 속속들이 젖고야 말았던 애달픈 기억 등, 기타의 많은 불쾌한 기억을 우리의 생활 속에서 찾아낼 수가 있다. 이러한 가지가지의 회상을 더듬으면 어떠한 의미에 있어서도 우리가 적어도 도회에 사는 이상 비를 예찬할 기분이 안 될 것은 의심할 수 없다. 그러나 우리가 우리의 성급한 마음을 잠깐 억제하고 조금쯤 이에 대하여 반성할 여유를 갖는다면, 이 따위 구구한 추억은 가히 문제될 거리가 아니다. 비의 폐해를 구태여 이러한 추억 속에 찾는다면, 우리는 그 반면에 항상 비의 이익이 병행하고 있는 사실을 예증치 않을 수 없다. 가령 비가 오니까 떠나가려던 애인이 좀 더 우리 곁에 앉아 있을 수도 있는 것이며, 비가 오니까 틀림없이 찾아올 터인 채귀債鬼[047]의 언제나 같은 힐난의 액을 면할 수도 있는 것이며, 또 여기서 우리는 생략하여도 좋은 수많은 용무, 많은 회합이 불의의 강우降雨로 인하여 결연히 단념될 수 있는데서 유래하는 바 저 명랑한 쾌감을 일일이 열거할 필요는 없을 것이다.

대체 떨어진 구두를 신고 흙물이 들어간다고 해서 비가 싫다는 것은 무어라 하여도 좀 창피한 감상이다. 두 다리를 조종하여 길을 다니는 이상엔 청우晴雨를 불문하고 무엇보다도 신발 단속이 급선무일 것은 두말할 것이 없다. 참으로 악화惡靴[048]가 소위 인생 삼환三患의 일자一者로써 지적되는 것도 이유 없지 않다 할 수 있다. 그리하여 많은 사람이 폐리敝履[049]를 끌고 다니지 않는다는 것은 다행한 일이다. 비에 대하여 안전한 신발을 신고 있을 뿐만 아니라, 모든 사람이 사람마다 장차 오는 휴일에 잔뜩 처담은 단꿈이 비 때문에 깨어진 기억을 가지고 있다고는 할

---

047 빚쟁이
048 낡아 떨어진 구두
049 헌 신발

수 없는 것이며, 또는 노상에서 우연히 대우大雨를 만나 암만 속력을 내어 달음질을 했어도 물에 빠진 새앙쥐 같은 신세를 짓고야 말았다는 수도 있을 수 없는 터야 소수인이 드물게 겪은 바 불운한 예를 가지고 구태여 비를 원망할 수도 가만히 생각하여 보면 없는 일이 아니냐?

이리하여 우리는 도회의 비를 한없이 찬미하려는 자이지만, 우리가 비를 찬미하려기 때문에 우리는 먼저 비에 약한 무리를 물리치고 비에 강한 무리 속으로 몸을 집어넣지 않으면 아니 된다. 비에 강한 무리란 두 말할 것도 없이 바닥창이 두터운 구두를 신은 사람을 의미하며, 밀회를 갖지 않는 건전한 사람을 의미하며, 여름이 되어 다른 사람들이 휴가를 이용하여 피서 갈 때에도 오히려 항상 변함없이 초열焦熱[050]의 도회를 사수하고 있는 사람들을 그것은 의미한다.

풍우한설風雨寒雪에 대하여 우리가 이를 피할 수 있는 집이라는 안전지대를 갖는다는 것은 고마운 일이지만, 이 안전지대인 우리들의 집 창문에 우리가 서로 기대어 거리와 거리의 모든 생활이 비비霏霏히 내리는 세우細雨에 가벼이 덮이어 거대한 몸을 침면沈湎시키고 있는 정경을 볼 때, 누가 과연 그 마음이 기쁘지 않다 할 수 있으랴! 이 집은 물론 우리 자신에 속한 집이 아니고

---

050 더위

다름 사람에게서 빌린 집이며, 또 이 집은 좁아서 걱정이며, 혹은 더러워서 곧 이사를 가려는 경우에 처하고 있는 때라도, 우리는 이때만은 부슬부슬 내리는 이슬비의 불역不易[051]의 귀결을 감상함으로 의하여 집은 벌써 좁지 아니하며, 이 집은 벌써 더럽지 않을 뿐만 아니라, 주소간晝宵間[052] 속 깊이 잠재하여 떠나지 않던 전택轉宅의 욕망도 전연 문제가 되지 않는다.

비는 한 개의 시가詩歌로써 우리 앞에 군림하여 이 한없이 큰 매력은 불안하기 그지없는 세가貰家를 그리운 자저自邸로 화하게 하고, 피할 수 없는 번민을 존재의 희열로 변하게 한다. 비의 위대한 정화력은 그 영역 속에 든 모든 사람에게서 그들의 괴로운 현실을 빼앗고, 그것에 대치하되 보담 심원한 초현실로써 하는 것이다. 거리거리의 모든 구조물을 세척할 뿐만 아니라, 그것은 실로 인간의 영혼까지를 세탁하는 것이다. 비가 노래하는, 혹은 들리고, 혹은 들리지 않는 단순한 절주節奏는 가장 고상한 음악에 속할 자이다. 그것은 하나의 음악일 뿐이 아니라, 또한 그것은 변화무쌍한 일폭의 활화活畫이기도 하다.

우리가 끽다점喫茶店이나 카페에 앉아서, 때마침 장대같이 내리는 빗줄기가 분간 없이 유리창을 때리며 바람은 거리와 거리

---

051   바꾸지 않음
052   밤과 낮 사이

를 휩쓸어 신사의 모자를 날리고 부인네들의 우산을 뒤집는 소란한 정경을 객관적으로 완미玩味할 수 있을 때, 누가 과연 이에 쾌재를 부르짖지 않을 자이랴!

내 아직 경험이 적음으로 인생의 생활이 얼마만큼의 행복을 우리에게 약속하는지는 감히 추단키 어려우나, 적어도 현재의 내 생각 같아서는 이만한 행복감을 줄 수 있는 상황도 이 인간 생활 속에서는 그다지 많이 찾을 수는 없는 것 같이 보인다. 이때에 우리가 마시고 있는 한 잔의 차, 한 잔의 맥주는 이중으로 삼중으로 맛이 늘어가는 것을 도저히 부정할 수 없다. 더욱이나 우리가 재채기를 하고, 욕설을 하며, 젖은 옷을 툭툭 털고 들어오는 무고한 피해민을 안락의자에 팔을 고이고 보게 되면, 그것은 참으로 얻기 어려운 한 모금의 청량제가 아닐 수 없다. 우리는 이때 피로를 잊을 뿐만 아니라 잠시 동안 근심을 잊고, 걱정을 잊고, 실로 흔히는 자기 자신까지를 망각하는 것이다. 우리는 뜻하지 않은 천래의 일장 연극에 입장료도 지불함 없이 여기서 완전히 도취할 수 있으니 이와 같은 우신雨神의 신묘한 희롱에 어찌 법열을 느끼지 아니 할 수 있으랴!

비란 원래 사람의 예단豫斷을 반발하고, 측후소의 존재 의미까지 의심케 하도록 졸지에 내리고 또 그치는 데, 떠도 떠도 다

하지 않는 교격嬌激[053]한 맛이 있는 것이지만, 여름의 더운 날 같은 때에 난데없는 일진광풍이 돌연히 소나기를 데리고 오면, 참으로 이곳에서 우러나는 재미야말로 진진하다 할 수 있다. 천하의 행인은 뚝뚝 던지는 비의 기습에 크게 놀래어 잠시는 이 불온한 형세에 어찌할 바를 모르다가 문제는 극히 간단하므로, 곧 동분서주, 서로 머리를 부딪쳐가면서 피할 장소를 구하여 배회하는 것이다. 물론 이러는 중에 혹은 물둠벙에 빠지는 신사를, 혹은 땅바닥에 미끄러지는 노인을, 혹은 치맛자락을 높이 걷어 들고 달음질하는 숙녀를- 이 하늘의 불의의 발작, 이 하늘의 기교한 즉흥시에 박수와 갈채를 아끼지 아니 하고, 작약혼모雀躍昏耗[054]하는 아해兒孩의 무리무리 속에서 발견하기란 너무도 용이한 노력에 속한다. 이리하여 지극히도 황당한 수순數瞬이 경과한 뒤에 모든 불운한 행인이 그들이 불운한 몸을 집집의 벽과 벽에 꼭 붙임을 겨우 얻어, 천하는 오로지 한 곡조의 요란한 우성雨聲 속에 갇혀 고요히 움직이지 않을 때, 우리가 만일 자동차에 편히 앉아 곳곳에 불안과 불평을 숨기고 있는 평화한 거리거리를 지나게 되면 이것 또한 한없이 기껍지 아니한가? 아니다. 우리가 간혹 집 문을 들어서자 비가 쏟아지기 시작만 해도 벌써

---
053 아주 강렬한
054 너무 재미있어 정신을 잃음

하늘의 공격을 면할 수 있었던 호운에 단순히 감동하여 희열의 정을 금할 수 없지는 아니한가? 아까, 우리가 집으로 돌아오는 길에, 일대-對[055]의 젊은 남녀가 어딘지 산보 가는 것을 보고 확실히 흥분을 깨달았을 뿐만 아니라, 그렇잖아도 우울한 마음이 더욱 우울해짐을 어찌할 수 없는 것이지만, 이제 비가 돌연히 쾌청한 공기를 교란하고 있음을 보게 되니, 벌써 우리는 그들에게 선망의 염念을 일으킬 필요는 전연 없다. 그의 좋은 양복과 고운 애인은 가련하게도 이 비에 쫄딱 젖고 말았을 것이 아니냐?

비는 참으로 비가 와야 해害 될 것이 없는 모든 사람에 대하여 하나의 큰 위안이 되며, 하나의 신뢰할 만한 벗이 되는 것이다. 이것은 비가 우리에게 위안을 제공하는 바 비근한 일례에 불과하지만 -또는 세우細雨가 비비하게 내려 도회의 포도를 걸레질하는 정도로 먼지를 닦아낸 때와 같은 때는 햇빛보다도 포근하고, 부드럽고, 또 시원한 비를 차라리 맞고 다님이 정서 깊음을 과연 누가 느끼지 아니하랴? 이런 때엔 빈 자동차가 승객을 찾음이겠지, 열을 지어 힘없이 거리 위를 완보해봄도 확실히 통쾌하다.

도회에 비가 내리는 기쁨은 대강 이러한 것들로 요약할 수 있는 것이지만, 그럼으로써 비에 대한 찬미는 한 개의 자명한 사

---

[055] 한 쌍

실로써 당연히 승인되지 않으면 안 될 것임이 또한 틀림없다. 그러니 여기서 사람은 도덕과 윤리의 이름에 있어서 나의 '우송雨頌'에 단연 반의를 표명할지도 모른다. 즉, 이들 도덕가 류道德家流의 의견에 의하면, 우리가 비를 기뻐하는 것은 비 자체에 대한 순수무잡한 희열이라기보다는, 다른 사람이 비에 의하여 피해를 입는 것을 즐기는 악의 속에 그 근본 동기를 둔다는 것이다.

엄격할 뿐인 윤리적 견지에서 보면 과연 그렇게 단순히 말하여 버릴 수도 있을 것이다. 그러나 특히, 이 경우에 한해서는 도덕은 결국 무생명한 한 개의 이론에 불과한 감이 없지 않다. 무어라 하여도 인생의 엄연한 사실은 다른 사람이 길에서 빗적하고[056] 미끄러지는 것을 보면, 또는 잘못하여 손에 든 찻잔을 떨어뜨리는 것을 보면, 우리와의 이해관계를 떠나서 어쩐지 그것은 까닭 없이 우습고도 즐거운 것을 항상 예증하여 주는 까닭이다.

우리가 마음이 나쁜 까닭으로써 웃는 것이 결코 아닌, 말하자면 인간통유人間通有의 이러한 자연스러운 기쁨에 대한 도덕적 판단은 인성선악人性善惡의 선천적 문제에까지 파고 들어가야 비로소 해결될 수 있을 것은 두말할 것도 없지만, 암만 도덕이 여기서 그렇지 않기를 명령하여도 모든 사람은 다른 사람이 비에

---

[056] 삐걱하고

젖는 것을 보게 되면 어쩐지 자연히 유쾌하여지는 마음을 도저히 물리칠 수 없음을 어찌하랴!

비에 젖지 않을 수도 있는 경우에 비에 젖는 것이 실수인 것을 한 번 긍정하여 보면, 이 실수를 실수로서 책責하되 웃음으로써 임臨함은 차라리 더욱 아름다운 도덕이라 말할 수도 있다. 비 맞는 사람을 보고 일일이 슬퍼하는 것이 참된 윤리라고 할 수 없다. 이러한 것은 원래 처음부터 도덕이 감히 용훼容喙할 수 없는 초도덕적 문제로서 인간의 예술감에 그 좋은 판단을 맡김이 더욱 온당치나 않을까 한다.

도덕이 어찌되었든 여하간에 우리는 비를 찬미치 않을 수 없는 자이지만, 물론 또 우리는 다른 사람이 비의 피해를 입는 것을 보고 그것이 즐거운, 오직 한 개의 이유로서만 비를 찬미하는 것은 아니다. 비는 비 자체로서도 항상 아름다운 까닭이다. 춘우를 몸에 무릅쓰며 거리를 거니는 쾌감에 대해서는 앞에서도 말하였거니와, 사실 홍진만장紅塵萬丈[057]인 건조한 대지가 신선한 비를 가질 때 지상의 어떠한 것이 과연 기쁨을 느끼지 않을 자者이랴! 정직하게 말하면 비를 미워한다는 도회인도 비가 내리면 이 신선하기 짝이 없는 자연에 흔히 숙였던 우울한 얼굴을 드는 것이다. 윤습潤濕한 광휘 속에 그들의 안색이 쾌활해질

---

057 햇빛에 붉게 된 티끌이 높이 솟아오름

뿐이 아니라, 도회의 먼지 낀 가로수와 흔히 책상 위에 놓인 우리의 목마른 화원도 이 진귀한 하느님의 물을 떨며 마시며, 공원에서만 볼 수 있는 말라붙은 초원도 건조무미한 잠에서 문득 눈을 뜨는 것이다.

참으로 모든 사람이 비를 자모慈母의 친애한 손같이 여기는 것은 너무나 떳떳한 일이다. 다른 모든 것을 말하지 않는다 하더라도 우리는 여기 특히, 염염한 하일夏日에 경험하는 취우驟雨의 은택을 망각하여 버릴 수는 없다. 천하가 일시에 얼음 먹는 듯한 양미凉味, 이는 참으로 우리들 가난한 자에 허락된 유일한 피서적 기회다. 이러한 기쁨이 만일에 평범한 것이라면, 우리는 비의 위대한 낭만주의를 얼마든지 사상史上에 구하여 흥취 깊은 예를 들어 말할 수가 있으나 이곳에서는 약略하기로 한다.

1935년 7월 「삼사문학」

범생기 凡生記[058]

이력서란 원래 비밀에 속하는 것이라 방문을 닫고 사람을 피해서 약간 흥분된 마음을 가지고 모필로 묵흔墨痕이 선명하게 쓴 후는 떨리는 손으로 남모르게 취직처에 삼가 바쳐야 할 성질의 물건이다. 이제 '조광지朝光誌'는 과연 무슨 심담心膽을 가지고 나에게 이력서를 청하여서 천하에 공개하려는 것인지, 그것은 좋은 곳에 취직을 시켜줄 작정인가 혹은, 단순히 독자의 호기심을 낚을 작정인가는 요량하기 어렵되, 여하간 나의 이력서는 장차로 별로이 용처도 없을 듯 하니 이제 요구에 응하기는 하나, 나의 curriclum vitae 이력서는 극히 평범하여 일독의 가치도 없을 것을 나는 유감으로 생각한다.

나의 현세적 우울은 1903년 8월 24일로 시작된다. 원 고향은 경상도 안동이었지만, 나는 멀리 떨어져 전남 목포에서 생을 받았으니, 선친은 당시 그곳 감리서監理書의 관리였기 때문이다. 나와서 보니 나는 제2차 산물로 이미 두 살 위의 형이 있었

---

[058] 평범한 삶의 기록

다. 아버지는 한학자로 상당히 고명하였고, 어머니는 여가만 있으면 유원산록儒遠山麓[059]을 파는 습관이 있었다. 우리 집은 바로 그 산 밑에 있었기 때문이다. 우리들 형제가 간간이 아버지 손에 잡혀 감리서에 가게 되면 어여쁜 일본 부인이 우리를 환대해주는 것도 큰 재미였지만, 우리 이웃집에는 더 마음에 끌리는 아름다운 부인이 있었으니, 우리 형제는 그 집에서 거의 살다시피 하였다. 유치원서는 아무것도 배운 것은 없었으나 우리는 이 부인께서 흡연하는 것을 배웠다.

나는 그때 일곱 살이요, 형은 아홉 살이었다. 바로 애연가가 된 이 해에 우리는 배를 타고 제주도로 건너가 다시 가마와 말을 타고 정의旌義에서 내렸으니, 아버지가 이곳으로 부임하게 되었기 때문이다. 때마침 나는 학령學齡이었으므로 이곳 보통학교를 다니게 되었다. 동백꽃이 피고, 귤이 열리며, 소와 말과 처녀와 어물魚物이 흔한 이 땅의 목가적 공기는 오늘까지 잊을 수 없다.

내가 열한 살이 되던 해, 즉 보통학교를 졸업하려던 해에 아버지는 다시 나주羅州로 전근되었던 것이니, 제주에서는 사랑하는 누이동생을 지하에 묻는 대신 남동생을 다시 얻었다. 나주서 나는 의미 없는 세월을 세 해나 보냈던 것이니, 나이가 어려서 고보高普 입학 자격이 없었기 때문이다.

---

[059] 가까이 있는 산 아래 기슭

열네 살에 상경하자 양정고보에 들어가 1916년에 별로 실력도 갖추지 못하고 엉터리로 동교同校를 졸업했다. 보통학교서나 양정에서나 공부는 하지 않았지만 성적은 비교적 좋은 편이었고, 특히 나로서는 이상한 일로 수반數盤[060]이 내 득의의 과목이었다. 나를 아는 사람들은 이것을 거짓말이라 하지만 아직까지도 이 수반만은 자신이 있다. 부모 말씀대로 돈 없는 집안에 태어났는지라, 그만 공부는 치우고 다른 짓을 했더라면 만사가 편했을 것을, 공연히 고집을 세워 무리하게 도쿄東京 유학생이 되었던 것이니, 양정을 마친 이듬해 9월에 도일渡日하자, 호세이法政대학 전문부 법과에 보결 입학한 것까지는 그래도 좋았으나, 어쩐지 법률이 딱딱해서 염증이 없지도 않던 차에 어느 친구가 동同대학 예과로 같이 들어가기를 종용함을 못 이겨 법대 1년을 수업한 끝에 예과로 진학하고 말았다.

예과를 마치고는 공부를 좀 해보겠다고 독문학과를 택하고 말았으니, 물론 책권이나 읽자면 독일어도 알아두는 것이 필요했겠지만, 그것의 사회적 표용 가치를 생각할 만한 실제적 두뇌는 없었으니, 나는 드디어 변호사도 영어교사도 중간에 놓치고만 셈이다.

스물다섯에 동同학을 졸업하고 1년을 집에서 놀며 생각하니

---

[060] 주판

대단히 억울하여 이력서를 단 한 번 써서 낸 곳이 경성제대 도서관인데 불행히도 채용되고 말았다. 공부나 해볼 작정으로 얼른 들어간 것이 함정이 될 줄은 몰랐다. 공부 안 되는 사실을 들어간 첫날에 깨닫고 그날부터 그만둔다는 것이 어언간 십여 년이 지나도 내버리지 못하고 있다.

독문학 전공자로서 나를 평하지 말고 누가 나의 다른 재주를 인정해줄 사람은 없을까. 독일어 이외에 나는 수반도 잘 놓고 또 물론 특기할 만한 사실은 없다 해도 보통 사람에게 떨어지지 않을 정도면 다른 재주도 충분히 있다고 나는 생각하니까.

1935년 9월 「조광(朝光)」

성북동천城北洞天의 월명月明

사람은 환경의 아들이라 한다. 과연 이것이 사실인지 아닌지 나는 이를 여기 구명하려 하는 것은 물론 아니다. 나는 오직— 그것은 생각할수록 불유쾌한 일이지만, 사람이란 어떠한 경우에는 주소住所의 세력을 탈각脫却할 수 없다는 것을 이제 굳이 느끼고 있음에 불과하다. 독자 제씨諸氏는 성북동이라 하는 곳이 어떠한 지역에 누워 있으며, 또 어떠한 내용의 동리에 속하는 것인가를 대개 짐작은 하고 계실 것이다. 만일 모르시는 독자가 계신다면, 나는 이를 다행한 일이라 하고 싶다.

우연의 세勢에 끌리어 일찍이 한 번 이곳을 가 본 이는 모르거니와, 장자 계획하여 찾을 땅은 결코 못되는 까닭이다. 높지는 않으나 상당히 긴 산을 사이에 두고 서울과 고을의 경계를 일부분 짓고 있는 이 지대의 그나마 더 한층 궁벽한 귀퉁이에 무정견無定見한 생계를 벌인 지 만 1년, 나는 어느덧 이번에 두 번째의 추석을 맞이하였다.

그동안 오늘에 이르기까지 많은 날을 새로이 할 적마다 실로 무섭게 멀기도 한 곳이고, 실로 엄청나게 고요하기도 한 부락이라는 오직 하나의 괴로운 감정 밖에 갖지 않는 이 엄숙한 사실을 나는 내일의 안락을 위하여 이제는 슬퍼하지 않을 수 없는 자이다. 적어도 한 번 이 성북고개를 넘어본 사람이면 다 경험한 일이겠지만, 그다지 높지도 않은 재 하나를 사이에 두고 이같이도 큰 문명의 차이가 있다는 것은 참으로 놀라운 일이다. 그것은 여름날의 소낙비가 지붕 하나를 끼고 앞마당에는 쏟아지되 뒷마당에는 내리지 않는 사실과 혹사酷使[061]한 무엇을 느끼게 한다.

1년이라 하면, 그것은 사람의 일생에 있어서 결코 긴 시간은 아닐 것이다. 오직 내가 두려워하는 것은 사람이 한 번 현주소로 작정한 이상, 그 지소地所[062]의 원근을 가리지 않고 밤이 이르거나 늦거나 하루에 한 번은 그곳에 돌아가지 않으면 안 되는 군자君子의 습관, 그것에 다름없다.

내가 지나간 1년 동안 군자로서의 습관을 충실히 지키기 위하여 이 고난의 산을 넘는데 허비한 족로足勞[063]는 1년이라는 결코 길지는 않은 시간에 대한 보통의 평가로서는 정당히 환산될 수는 없다. 다리가 항상 빠질 듯이 아픈 의식과 괴로운 시간은 길다는 상대성원리는 서로 안고 도와서 성북동에 산 지 십 년

---

061 아주 비슷한
062 장소
063 발품

백설부 55

이상이나 되는 듯한 착각을 나는 가지고 있다. 참으로 세속적 의무보다 무서운 물건도 드물다. 나는 흔히 야반夜半의 사상에 몹시 취한 머리로 잠든 성북 고개의 고르지 못한 흙을 밟으면서 몇 번이나, 이 철리哲理에 대하여 생각하였는지 모르겠다. 그러나 오늘까지도 나는 내가 왜 이 산을 넘어 돌아가지 않으면 안 될까를 아직 해득치 못하고 있다.

나는 모범적 군자 되는 이유가 오직 깊은 밤에 깊은 산을 넘는 데 있는 것은 나의 확신하여 의심치 않는 바이지만, 내가 일찍이 지나간 1년 동안 이 운명의 산에서 나와 같은 종류의 군자를 한 번도 나 이외에 다른 인격에 있어 발견할 수 없었던 것은 무어라 하여도 세간의 도덕을 위하여 크게 개탄할 일이었다.

만뢰구적萬籟俱寂[064] 한데 산상에 홀로 깨어 서울시가 일대의 야등을 회고하고, 성북 동천의 성좌를 앙망하는 나의 감회는 확실히 복잡한 무엇이 없지 않을 수 없다. 이러한 때 나는 취기를 내뿜으며 "조용히 하라. 조용히 하라!"로 시작되는 일련의 축문을 송독하는 2~3그램의 정신만을 잃지 않으면 좋은 것이다. "조용히 하라. 조용히 하라! 이제 세상은 완전치 않으냐. 무엇인가가 이 세상에 일어났음이여! 초초楚楚[065] 한 바람, 흔적도 없이

---

064 밤이 깊어 모든 소리가 그치고 아주 고요해짐
065 깨끗한

가볍게 나래 털같이 가볍게 탄탄해상坦坦海上[066] 춤추듯이 이같이 수면睡眠은 이 지상에 춤춘다."

나는 잠깐 이 늦은 시각에 어떤 선량한 백성이 잠을 못 이루어 앙앙怏怏[067]히 지상을 방황하지 않는가를 탐지하려는 수호신과 같이, 혹은 수면의 완전에 최후로 참가하는 것의 명예를 고수하려는 것 같이 발을 멈추고 좌고우면左顧右眄 한 후 산을 넘어선다.

그러나 나는 내 집 대문만 열면 잠이 발끝까지 넘쳐 누구보다도 더 일의 사자死者에 가까운 상태를 정呈[068]하는 것이다. '야경夜更'과 같이 깨어 있는 '밤'인 나라 하더라도 불행히 '태양'과 같이 일어나는 '아침'을 나는 잊어서는 안 될 몸인 까닭이다. 이와 같이하여 계절이란 나의 체득한 바에 의하면 동동憧憧[069]히 왕래하는 노상路上의 감각일 뿐만 아니고, 실로 이제는 동동히 등강登降하는 신상의 감각에까지 변전變轉하여 버린 것이다. 집이 먼데다가 술잔이나 더러 마시면 밤이 훨씬 깊어 산에 오르게 되니 잊었던 계후季候가 돌연히 나타날 때가 많은 것이다. 그런 까닭으로 현재의 나에겐 성북 고개를 넘고 안 넘는 것이 나의 인생관에 상당히 중요성까지를 가지고 있음은 두말할 것도 없다.

---

066 평평한 바다
067 크게 울며
068 드러내는
069 마음이 안정되지 못한 상태에

이제 본지本誌의 청함에 맡겨 '추야단상秋夜斷想'을 성북동城北洞 천天의 월명月明에 구하는 이유가 즉 이곳에 있고, 또 그러므로 내가 이 우문愚文의 모두冒頭에 걸되, 사람이란 어떤 경우에는 주소의 세력을 면할 수 없다는 표어로써 한 것 역시 상술한 바 생활 사실에서 유래한 것이다.

그러면 왜 성북동 같이 멀고 싫은 데까지 와서 사느냐고 누가 물으면 나는 곧 대답할 말이 없다. 나를 아는 사람은 그것을 크게 비웃지만 나에게는 확실한 전택벽轉宅癖070이라는 것이 있었는지 알 수 없다. 그러나 내가 불행히도 안주지처安住之處를 못 얻었으매, 이곳에서 저곳으로 천전遷轉을 자주 꾀함이 결코 나쁜 버릇의 소이는 아닌 성하다. 다른 사람들 눈에는 이미 있던 곳에서 다른 곳으로 옮길 이유가 없는 듯 보일지도 모르지만, 내 마음에는 한 군데 오래 묵을 이유도 또한 없어 보였음에 불과한 것이다. 그러나 이사도 독신시대에 말이지, 이미 처자를 거느리고 부엌에 솥을 걸고 보면 처자의 반대가 구구하고 솥 떼고 붙이기가 몹시 번거로워 단장을 짚고 산보하듯이 이를 실행할 수가 없다. 예의 경솔한 습관에 지배되어 몇 달 몸을 뉘일 장소로서는 성북동의 맑은 가을도 결코 나쁜 것 같지는 않기에 옮아온 것이었더니, 벌써 옮아오던 날부터 시작된 수난이 교통의 지리적 불편을 통하

---

070 이사하는 습관

여 점점 증대해 감은 물론이오, 제일 서울 거리의 인공적 잡답雜
踏에 대한 절절한 향수가 이부자리에 스며들어 곤란이다. 깨어
있는 동안은 항상 서울 먼지를 마시고 있는 나의 가슴에도, 그러
나 먼 데 가려는 여행자의 불안이 오히려 남아 있다는 것이 더욱
나를 괴롭혔다. 타는 여행이라면 멀어도 든든한 데가 있다. 성북
동은 걷는 여행을 요구하니 딱한 것이다. 같은 돈을 내도 버스는
동소문까지 밖에 실어다 주지 않는 것이다.

평화로운 제諸 성북동인에게 대해서는 미안하기 짝이 없는 일
이지만, 이제 나의 최대 고통은 내가 일찍이 소별장지小別莊地를
주택지로 오해하였음에 대한 후회감에서 온다. 이리하여 나는
어떠한 경우에도 집이 멀다는 것은 찬성할 일이 못됨을 드디어
알고 말았다. 운동을 위하여 걸을 필요를 갖는 사람에 있어서
도 그것은 좋지 못하다. 집에 가는 길 이외에도 걸으려면 걸을
수 있는 길은 무수히 있는 까닭이다.

집이 멀면 될수록 일찍이 돌아갈 도리나 강구하면 좋은 일이
지만, 가뜩이나 집이 먼데다가 술을 좋아하니 자연 밤은 늦게
되고 창랑瞠踉[071]한 취각醉脚이 따라서 원로遠路문제에 더욱 분규
를 극極할 따름이다. 또한 서울이 그리워 볼 일이 끝났다 하여
그대로 갈 처지가 못 되는 것이다. 결국은 거의 매일 나는 밤은

---

071 천천히 비틀거리는

어둡고 길은 먼 비통한 최후에 봉착하고야 말았던 것이다.

여기서 나는 필연적으로 성북동천의 명월에 내 자신의 통치를 위탁하게 되었다. 달! 나는 다행인지 불행인지는 모르나 일찍이 달의 아름다운 세력을 신앙한 일이 거의 없었던 것이다. 도회의 절대한 감화感化 밑에 자라난 나에게 달쯤은 벌써 문제가 되지 못하였다. 특히 나는 사람들같이 자연 그것을 과장하여 상미賞味하는 태도를 본능적으로 싫어하는 자이다. 그러므로 나는 성북동에 옮겨온 직후 밤의 어둠을 완화시키려는 방책으로서 달의 편익을 생각하기보다는 훨씬 먼저 그때 마침 월명月明의 시일이 아니었던 관계도 있었지만, 회중전등 하나를 사서 낭중囊中에 휴대함을 잊지 않았던 것이다. 그 후 이 전등은 물론 약 2개월간 형식적이지만 실익에 공供한[072] 바 없었다고는 할 수 없으나, 사실 취안醉眼의 광명으로서는 극히 약할 뿐더러 이를 일일이 작위적으로 이용할 정신도 없고 하여 드디어 그 헛됨을 각성한 결과 방구석에 내버려두었더니 이제는 어디로 갔는지 그 형적조차 없다.

회중전등의 번쇄煩瑣[073]와 무력에 비하면 이런 비교는 일종의 모독인지도 모르나, 달은 있을 때는 있고 없을 때는 없는 불편

---

072 이바지한
073 번거로움

은 확실히 있지만, 뜰 때는 저절로 떠서 넓은 면적에 향하여 보다 운치 있게 비춰주는 까닭으로 술이 대단히 취해 의식이 혼미한 때라도 그 조명에 부지불식중에 인도되는 경우도 있는 것이다. 틀림없이 나의 달에 대한 관심은 달라졌다. 새로운 의미를 내 앞에 갖는 이 달을 나는 이제 성북동천에서 문득 발견하고 지난 1년간 때때로 원시인적 희열까지를 경험한 일이 있었다는 것은 참으로 생활의 이변에서 온 하나의 기관奇觀이 아니면 아니 된다. 봄, 여름, 가을, 겨울 할 것 없이 일 년을 통하여 그 3분의 2는 거의 매일 매야每夜를 청승맞게도 이 운명의 고개를 넘은 나의 눈에 이를 공리적으로 이용하는 심리가 치우치고 마는 까닭인지는 모르되, 모든 시절의 달이 무조건하고 고마웠고, 또 그리고 달이 왜 그나마 밤마다 없느냐는 것이 불만이었지만, 아마 누구의 눈에도 그러하듯이 나의 성북동천에 있어서의 추석 명월의 2차 경험은 가을의 쾌적한 기운도 적용되어야 실로 초超실리적 감동에 속할 무엇이 여기는 있었다 할 수 있다. 성북동천에 달이 반드시 없다하더라도 봄 이상으로 가을의 절차는 이 산을 넘는 자의 행운기幸運期의 좌자左資[074]로서 손꼽혀야 할 것은 두말할 것도 없다. 겨울의 모진 바람, 여름의 심각한 발한發汗은 이 고개를 넘는 제 아무리 위대한 건각健脚의 족로자足

---

[074] 재산

勞者에게도 성북동천의 월명을 감상할 여유를 그다지 흡족하게는 주지 않을 것이다.

이 위에 더 장용長冗[075]히 말함을 피하고, 나는 무엇보다도 시급히 집을 옮기던지 술을 끊던지 양자 간 하나를 위하여야 될 상태에 있는 듯한데, 양자를 함께 처리함은 물론 나의 무상無上의 이상일 것이다. 그러나 성북동천의 월명을 중심 삼아 양자를 의연히 방치함도 있을 수 있는 일이다. 나는 나의 성질상, 그러나 내일을 보증하고 재명일再明日을 구속할 그러한 생활에 대한 계획적 열의를 이제 갖고 싶지가 않다. 나는 오직 오늘과 내일 사이에 뻗쳐 있는 알 수 없이 큰 힘에 몸을 맡기고 될 수 있는 데까지, 혹은 될 수 없는 데까지 '성북동천의 월명'의 은총을 이왕이면 입고자 한다. 참으로 사람이 괴로움까지 최후에 미화하고 향락할 수 있다는 것은 비장한 일이다.

나는 이제 내가 어느 날엔가 성북동천을 떠나는 날, 그날이 곧 성북동천이 월명을 망각하는 날이 아니기를 나는 자연의 장엄을 위하여 진심으로 바라고자 하는 자이다. 그러나 나는 내가 한 번 도회에 속하는 일실一室의 침대에 몸을 누릴 수 있음으로 의하여 월명의 편익을 이용하지 않는 밤, 그 밤에 곧 달의 영광

---

075 쓸데없이 길다

을 누구보다도 먼저 장사葬祀[076]할 것 같은 위험을 느껴 견딜 수 없다. 옛날은 모르거니와, 사실 이제 생존경쟁이 격렬한 우리의 생활무대에 대하여 달에서 흘러오는 광명은 너무도 응용될 힘이 없는 까닭이다. 도회의 포도鋪道에 잠깐 정립하여 의심쩍게도 이 달이 비치는 면적을 측정하여 보면, 이것은 확실히 우리 자신의 생활에 속할 광명은 아니고, 그것이 비치는 곳은 우리의 생활에는 전연 상관이 없는 부차적 세계이다. 흔히 월광은 도회의 쓰레기통에 가득히 쏟아져 있거나, 혹은 좁은 골목 으슥한 곳에 행인이 오줌 누는 풍경을 감시하고 있음을 우리는 본다. 일찍이 말이 위성衛星으로써 명예를 가지고 널리 지배하고 있던 영역은 이제 거의 전력電力에 의하여 더욱 명랑히 장식되어 있는 것이다. 그리하여 달은 긍지와 명예를 잃었을 뿐만 아니라, 주객전도의 격식을 빌어 이제는 차라리 쓰레기통, 좁은 골목이 달의 위성이 된 관觀조차 있다. 달의 넓다란 가슴은 그네의 미묘한 호흡으로서 만천하의 인간 감정의 기복 많은 종종상種種相[077]을 일찍이 현출現出시켰지만, 오늘에 벌써 전前같이 오는 감동은 전무하다. 아침이 오면 태양이 그네의 면폭面幅을 빼앗고, 밤이 되면 전기電氣가 이 과부를 학대하는 것이다.—이리하여 성북동천의 월

---

076 묻고 제사지냄
077 여러 모습

명에 대한 나의 애정은 어쩐지 차차로 그것이 주는 편익보다도 이 불행한 시대적 존재에 대한 동정으로 하여 심각하여 감을 나는 깨닫는다. 나도 불행하지만, 저 달도 사실 불행한 까닭이다.

1935년 11월 「중앙」

내가 꾸미는 여인

이런 여인 저런 여인, 다들 그 여인만이 가질 수 있는 고유한 아름다운 세계를 가졌으매, 특히 이상理想의 여인을 꾸미라는 주문은 쉬운 듯 하나 실은 결코 쉽지가 않소. 설사 그런 여인을 꾸며 내기에 완전히 성공했다손 치더라도 그런 여인을 그린 나에게 실물을 구해다줄 리도 없을 일, 세상에 이것은 좀 사람을 골리는 수작이라 생각하오. 그런 줄 뻔히 알면서 일 남자로서 아름다운 일언一言을 물리칠 수도 없는 처지라, 잠시 공상해 보았더니 역시 그렇소. 꼭 이 여인이라야만 된다는 주장은 나와는 그 거리가 퍽 먼 듯하오.

가령 말하면 키가 후리후리한 여인은 후리후리한 까닭으로 좋고, 오동통한 여인은 오동통한 까닭으로 좋으며, 또는 아무 굴탁屈托[078] 없이 항상 웃음 짓는 여인의 쾌활이 우리의 마음에서 음지를 없애주는 까닭으로 동감이라 해서, 우리는 결코 우울한 여인이 끌고 가는 사념의 미궁에 함락됨을 싫어하지 않는

---
[078] 구김살

까닭이요, 때로는 거만한 여자, 조폭粗暴한 여자가 우리를 경탄시킬 수 있는 것이오. 그러나 무어라 해도 내적 외적으로 전아典雅한 자유로운 여자를 만날 때, 일점천광一點天光[079]을 앙견仰見하는 듯한 느낌을 우리는 받습니다. 여인의 머리털이 검고 고와야 할 것은 물론이지만, 혹은 한 잔의 차를 붓고, 혹은 아이의 손을 쥐고 가는 섬섬옥수는 마치 소매 끝에 앉은 백접白蝶[080]같이 우리를 감동시키기에 충분하며, 굽 높은 구두 속에 어쩌면 그렇게 곱게도 담겼는지 알 수 없는 조그마한 불안스러움, 좌우로 흔들리는 두 발이 우리 눈앞을 미끄러져 갈 때 우리의 사상도 그 뒤를 밟아 아름다웁게 활주하는 것이오. 또 나는 '멋'을 존경하는 여인을 사랑하오. 그것은 내가 우리의 태양이어야 할 여성의 당연한 수단이라 생각하는 까닭이오. 그의 의상이 그의 취미를 말하는 외에 또한 한 권의 옆에 낀 책이 그의 문화를 말하면 더욱 좋을 것이오. 고상한 언어의 뉘앙스를 이해하고 인생과 예술에 대한 일가견이 있으면 더욱 말할 수 없이 좋을 것이오.

이것이 물론 다 여인의 아름다운 특질이며, 소질이며, 또 재능이겠지요. 여인은 키네마 여왕[081]같이 성장盛裝할 필요가 조금

---

079 한 점 하늘의 빛
080 흰나비
081 영화 속의 여왕

도 없고, 또 '콰트로센토[082]'가 예술사적으로 무엇을 의미하며, '디데로[083]'가 그의 시대에서 무슨 역할을 했는가를 알 필요가 없는 것이겠지요. 학식의 풍부를 바라지 않고, 가사家事의 능함을 구하지 않소. 자태의 우미優美를 또한 나는 취하지 않소. 참으로 나의 이상을 담아야 할 여인에 있어서 백 배나 천 배의 중요성을 갖는 물건이 무어냐 하면 그것은 퍽은 간단한 사실이오. 그러나 퍽은 어려운 능력에 속한다고 나는 보오. 즉 이 여인은 얼마나 사랑할 줄을 아느냐 하는 문제가 그것이오. 해가 철마다 달마다 항상 새롭듯이 과연 나의 여인은 그렇게 새로워질 재주를 갖는가, 어쩐가, 나의 여인은 항상 따뜻한 마음을 가지고, 항상 신비로운 비밀을 가지고 그네의 마음 그네의 비밀이 요구될 때는 언제든지 이것을 물리침이 없이 발동할 수 있는 그러한 오묘한 모터를 자기 자신 속에 가지고 있는가 없는가 하는 문제가 실로 그것이오.

1936년 1월「조광」

---

[082] 르네상스 시대의 피렌체 분위기
[083] Cicero(B.C.106~B.C.43) 로마의 정치가·학자·작가

감기 철학

봄이 왔다고들 사람들이 야단이다. 그러나 말이 양춘陽春 사월이지, 아직은 말하자면 춘한春寒의 요초料峭[084]함이 무거워가는 외투를 못 벗게 하는 무엇이 있다. 이러한 환절기에 사람이 특히, 감기에 걸리기 쉬운 것은 두말할 것도 없거니와, 나도 일전부터 불의不意 중에 감기환자가 되고 말았다. 그런데 편집자 선생으로부터 졸지에 글 주문을 받고 감기가 들었으니 하고 도피하여 보았으나, 선생은 감기쯤은 병 축에도 들지 못한다는 듯이 그냥 떠맡기고 만다. 생각하면 그럴 법도 한 일이다. 우선에 '감기환자'란 말이 어쩐지 과대망상적으로 들릴 만큼 우리들 사이에 이 병은 너무도 친근한 병이요, 아무렇지도 않은 병으로써 통용되고 있다. 여기 약간 유머를 느낀 바 있어, 한 번 '감기 철학'이란 맹랑한 제목을 붙여 보았다.

물론 나도 많은 사람이 생각하고 있는 것 같이 감기쯤은 대단하게 여기지도 않고, 그저 일장의 희극喜劇은 될 수 있으리라는

---
084 이른 봄 조금 추운 추위

정도로 간주하고 있는 자이다. 그러나 고명한 의사 선생들의 진단에 의하면 감기는 실로 일장의 희극이 아님은 물론이요, 반대로 그것은 모든 만회할 수 없는 비극의 서막을 의미한다고 한다. 즉 그들의 견해에 의하면, 모든 종류의 중병은 감기로 시작될 수 있는 것이요, 그래서 그 배낭 속에는 세균계의 최고 위계를 표징하는 원수장元帥杖이 들어있다는 것이다. 적어도 다른 병에 있어서 박사의 고론高論을 확신하는 일반 대중도 그러나 감기에 한해서는 절대로 그것의 이 같은 위계를 인정하려 하지 않고, 손수건(여러분은 손수건의 문화사적 의의에 대하여 생각해본 일이 있는가?)을 준비하고 있는 모든 사람은 '허 치너'하고 2~3차의 참으로 기묘한 재채기를 서둘러서 한 다음에, 만일 그때 이 화강암이라도 먹어 뚫을 듯한 감기의 세균이 그의 건강 때문에 퇴각한 듯 보이면 사람들은 가벼운 만족을 느끼는 것이다. 이러한 종류의 감기로 말하면 우리의 이완된 기분을 자극하여 주는 점에서 차라리 우리가 환영해야 하는 병이라고도 함직하다. 그래서 물론 감기에서 오는 이러한 이상한 만족감에 대한 원인은 방귀와 같은 인간의 2대 진기珍奇의 일자—者인 재채기가 방금 나올 듯 나올 듯 하면서 안 나올 때 우리를 가볍게 습격하는 저 독특한 쾌감 속에서 구할 수 있을 것이다. 그것은 후두喉頭의 심저深底로부터 공작의 털을 붙인 소요괴小妖怪와 같이 사람을 간질이기 시작하면서 올라와서 콧속에 무척 활발하고 신신新新하게 전기 마찰이나 하는 듯이 콕콕 쏘면 이때 발작자發作者는 어느덧 위대한 기대 앞에 입을 멍하니 열고 그 눈은 마치 절망 중의 실연자失戀者와 같이 멍하여 있을 즈음—'허 치너'하고 재채기만 나오면 되는 판이다. 이때 우리도 흔히 "빌어먹을 감기 같으니라구 어서 나가거라"하고 부르짖고 긴장되었던 몸이 곧 풀림을 느끼는 것이지만, 재채기를 치르고 난 사람을 보면 그 사람은 마치 재미있는 일장—場 재담이라도 하고 난 듯이도 보인다. 사람이란 재채기 하나를 이길 수 없을 만큼 약하다는 것은 파스칼의 유명한 말이어니와, 사람이 이것에 도전할 필요는 조금도 없다고 나는 생각할 뿐만 아니라 여기 나는 어느 정도 에스프리[085]와 단예端倪[086]할 수 없는 인간의 저돌력까지를 발견하는 자이다. 그래서 무어라 해도 재채기가 감기의 중심점이 됨은 물론이나, 재채기에서 시작되지 않는 감기가 여기 있다면, 그것은 주인을 잃은 불행한 빈객賓客과 같다고 할까. 마치 소낙비가 쏟아지듯 패연沛然[087]히 내리는 재채기의 혼란을 혼자 몸으로 수습하기란 확실히 무한한 노력을 요하거니와 이런 종류의 감기는 그 표현이 현란을 극한 일권—卷의 철학 체계에 비하는 자라 할 것이다. 이래서 감기의 도래를 예고하는 재채기, 그

---

085 esprit, 기지
086 추측하여 알다
087 세차게

래서 좀 늦더라도 어차피 그와 행방을 같이할 재채기—그러한 감기를 우리는 의사 선생의 말씀대로 두려워할 필요는 없다. 계명鷄鳴[088] 중에는 가장 장엄하고 익살맞은 계명인 사람의 재채기의 진가를 어느 정도까지 이해하는 사람은 그러므로 감기를 물리쳐서는 아니 된다. 생각이라도 좀 하여 보라. 일찍이 이 세상의 모든 얼마나 곤란하고 절체절명絶體絶命의 상황이 적시適時에 나타난 이 '허 치너' 소리에 의하여 용이하게 구조되었는가를—여기 내가 소허少許[089]의 발열을 무릅쓰고 편집자 선생이 요구하시는 대로 글을 쓰되 특히 일편一篇의 감기 철학을 택한 소이가 있다. 물론 감기 중에는 독감 유행성 감모感冒[090]와 같은 악질의 병이 있다는 것을 나는 모르는 바 아니지만.

1936년 4월

---

[088] 닭 우는 소리
[089] 어느 정도의
[090] 감기

명명命名 철학

'죽은 아이 나이 세기'란 말이 있다. 이미 가버린 아이의 나이를 이제 새삼스레 헤아려 보면 무얼 하느냐, 지난 것에 대한 헛된 탄식을 버리라는 것의 좋은 율계律戒로서 보통 이 말이 사용되는 듯하다.

그것이 물론 철없는 탄식임을 모르는 바 아닐 것이다. 그러나 어떤 기회에 부딪쳐 문득 죽은 아이의 나이를 헤아려봄도 또한 사람의 부모 된 자의 어찌할 수 없는 깊은 애정에서 유래하는 눈물겨운 감상感傷에 속한다.

"그 아이가 살았으면 올해 스물, —아, 우리 현철이가, 우리 현철이가…"

자식을 잃은 부모의 애달픈 원한이, 그러나 이제는 없는 아이의 이름만을 속삭일 수 있을 때 부모의 자식에 대한 추억은 얼마나 영원할 수 있는지 알 수가 없다. 우리가 만일 우리의 자질子姪[091]들에게 한 개의 명명조차 실행치 못하고 그들을 죽여

---
091 자손

버리고 말았을 때 우리는 그 때 과연 무엇을 매체로 삼고 그들에 대한 좋은 추억을 가슴 속에 품을 수 있을까?

법률이 명명하는 바에 의하면 출생계는 2주 이내에 출생아의 성명을 기입하여 당해 관서官署에 제출해야 되는 것으로 규정되어 있다. 어떠한 것이 여기 조그만 공간이라도 점령했다는 것은 결코 단순한 일이 아니다. 고고呱呱의 성聲을 발하며 비장하게 출현하는 이러한 조그마한 존재물에 대하여 대체 우리는 이것을 무엇이라고 명명해야 될까 하고 머리를 갸우뚱거리지 않는 부모는 아마도 없을 터이지만 그가 그의 존재를 작은 형식으로서라도 주장한 이상엔 그날로 그가 다른 모든 것과 구별되기 위해서는 한 개의 명목名目을 갖지 않으면 아니 될 것은 두말할 것도 없다. 모든 것이 그 자신의 이름을 가지듯이 아이들도 또한 한 개의 이름을 가지지 않으면 안 된다.

만일에 그가 이름을 갖지 않는다면 그는 실로 전연全然히 아무것도 아닌 생물임을 면할 수 없겠기 때문이니 한 개의 이름을 가지고 있고 그 이름을 자기의 이름으로서 인식할 수 있을 만큼 성장치 못한 아이의 불행한 죽음이 한 개의 명명을 받고 그 이름을 자기의 명의로서 알아들을 만큼 성장한, 말하자면 수일지장數日之長[092]이 있는 그러한 아해兒孩의 죽음에 비하여 오랫

---

092 얼마동안 성장한

동안 추억될 수 없는 사실, 이 속에 이름의 신비로운 영적 위력은 누워 있는 것이라 할 수 있다. 세상의 모든 부모는 장차 나올 터인 자녀를 위하여 그 이름을 미리미리 생각해두는 것이 좋을 것이다.

일찍이 로마 황제 마르크 아우렐이 마르코만인들과 싸우게 되었을 때, 그는 군대를 적지에 파견함에 제際하여 그의 병사들에게 말하되 '나는 너희에게 내 사자獅子를 동반시키노라!'고 하였다. 이에 그들이 수중지대왕獸中之大王[093]이 반드시 적지 않은 조력을 할 것임을 확신한 것이었다. 그러나 많은 사자가 적군을 향하여 돌진하였을 때 마르코만인들은 물었다. "저것이 무슨 짐승인가?" 하고. 적장이 그 질문에 대하여 왈曰 "그것은 개다. 로마의 개다!" 하였다. 여기서 마르코만인들은 미친개를 두드려 잡듯이 사자를 쳐서 드디어 싸움에 이겼다.

마르코만인의 장군은 확실히 현명하였다. 그가 사자를 개라 하고 속였기 때문에 그의 병졸들은 위축됨 없이 용감히 싸울 수 있었던 것이다. 그는 사람이 얼마나 많이 그 실체를 알기 전에 그 이름에 의하여 지배되고 있는가를 이해하고 있었던 것이다.

---

[093] 짐승의 왕

가만히 생각해보면 우리는 그 이름 이외에는 아무것도 모르는 얼마나 많은 것을 가지고 있는지 알 수가 없다. 모든 것의 내용은 그 이름을 통하여 비로소 이해될 수가 있는 것이지만 그러나 그 이름이 그 이름으로서만 그치고 만다는 것은 너무나 애달픈 일이다. 그러나 우리에게 만일 그 이름조차 알 바가 없다면 더욱 애달픈 일이다.

가령 사람이 병상에 엎드려 알 수 없는 열 속에 신음할 때 그의 최대의 불안은 그 병이 과연 무슨 병이냐 하는 것에 있다. 의사의 진단에 의하여 그 병명이 지적될 때에 그 병의 반은 치료된 병이라 할 수 있다.

우리는 파리라는 도회를 잘 알 수 없는 것이지만, 파리라는 이름을 기억함으로 대강은 짐작할 수 있다 생각하는 것이오, 사옹沙翁[094]이라는 인물을 그 내용에 있어서 전연 이해치 못하는 것이지만 우리는 이 불후의 기호를 통하여 어느 정도까지 그 사람과 그 사람의 예술을 알고 있다고 오신誤信하는 것이다.

나는 얼마나 많은 이름을 알고 있는가! 그러나 그 이름을 내가 잊을 때 나는 무엇에 의하여 이 많은 것을 기억해야 될까? 모든 것은 그 자신의 이름을 가지지 않으면 안 된다. 우리에게 있어서 그 이름을 안다는 것은 그것의 태반太半을 이해한다는

---

[094] 셰익스피어

것을 의미하기 때문이다. 참으로 이름이란 지극히도 신성한 기호다.

1936년 7월 「조선문학」

나의 자화상

제 음성을 제가 모른다는 것은 확실히 현명한 사람들의 비애悲哀가 아니면 안 된다. 그것은 우리가 말을 할 때, 우리 자신의 귀가 진동할 뿐만 아니라 두개頭蓋가 함께 울리는 까닭이다.

축음기 같은 것을 통하여 외부로부터 들려오는 우리 자신의 음성을 우리가 들을 때, 그것이 퍽이나 소원疎遠한 것으로 들리는 까닭은 저반這般[095]의 소식을 무엇보다도 잘 말하는 것이라 할 수 있을 것이다.

그러나 우리가 모르는 것은 물론 우리 자신의 음성뿐만이 아니다. 실로 우리는 다른 사람이 우리의 얼굴을 인식하듯이 그와 같이 공명정대하게 우리 자신의 외관을 인식할 수는 도저히 없다. 거울이 우리 자신의 의관을 여실히 영사映寫하여 주는 사실을 우리는 확신하고 있다하더라도 거울 속에 비로소 보이는 이 형상이 과연 다른 사람이 우리에게서 본 형상과 부합된다는 것을 주장할 수는 없는 일이다.

---

095 이번

이 진묘한 착종감錯綜感에서 우리가 거울을 들고 번민치 않을 수 없는 것은 거울에 대한 우리의 신망이 진리를 구하는 마음에서 유래하느냐, 혹은 허영을 탐내는 마음에서 유래하느냐는 문제에 놓여 있는 것이 아니면 안 된다. 철학자 에른스트 마하[096]는 일찍이 이에 대하여 그 자신의 체험을 고백한 일이 있다. 우리들이 도회의 거리거리를 지날 때면 반드시 쇼윈도에 나타나는 각양각태의 기묘한 형상에 시시로 놀랜 바 일속一束[097]의 경험을 가지고 있는 것이지만 철학자 마하는 어떤 날 호텔용 마차에 올라 마침 자리를 잡으려 할 즈음 자기 앞 의자에 어느 손님 한 분이 역시 그와 같이 자리를 잡으려 하는 거동을 하고 있었다. 언뜻 보기에 마하는 '웬 털털한 촌학교 교장 선생님이 타시는군?' 하였다. 그러나 알고 보니 그것은 실로 거울 속에 나타난 철학자 자신의 영상 이외의 아무것도 아니었다는 것이다. 호텔용 마차의 체경體鏡[098]이 우연히 제공한 이 기회에 의하여 철학자 마하는 그의 용모가 반드시 촌학교 교장은 아니었을 것이라손 치더라도 적어도 그가 그의 외모에 대하여 극히 근시안적이었다는 사실을 활연豁然히 깨달음에 이른 것이다. 어찌된 까닭인지 모르되, 항상 우리는 거울 앞에선 한없이 관대하여 가는 자

---

096 Ernst Mach(1838-1916) 오스트리아의 물리학자·철학자
097 한 묶음
098 거울

기를 본다. 우리는 있는 그대로의 우리 자신을 인식하려고 하지 않고 우리의 외관과는 스스로 구별되지 않으면 아니 될 하나의 다른 외관을 기원한다. 하나의 보철補綴과 가공은 미용술의 원리가 되는 자이지만, 정신 미학적 견지에 있어서도 이것은 또한 아름다운 얼굴을 더욱 아름다웁게 할 수 있을 뿐만 아니라, 얼마나 망측하기 짝이 없는 풍경일지라도 그것을 망측하기 짝이 없는 경지에서 건져낼 수 있게 하는 것이다. 그러나 결국 사실에 있어서는 우리 자신의 음성이 알 수 없는 음성으로서 마이크를 통하여 세인世人의 귀에 방송됨과 같이 우리 자신의 얼굴이 세상에 나타날 때 철학자 마하의 예와 같이 뜻하지 아니하고 어느 뉘의 조롱을 받을지 알 수 없는 것이다. 여기서 마하는 그 자신의 근원적, 감각적 인상을 보지保持하기 위하여 다시 한 번 거울이라 하는 기물器物의 후작용後作用을 완전히 물리치고 자기의 육체를 자기의 눈으로 직접 인식하려 하였던 것이지만 자기의 눈으로 본 자기 자신이란 한 개의 무두인간無頭人間[099]에 불과하다. 자화상의 중심이 되어야 할 주체를 얻을 수 없으매 이 어찌 자화상이라 이름할 수 있으랴! 참으로 무두의 초상화란 초상화사史에 있어서 하나의 '신기新奇'가 아니면 아니 될 것이다. 이리하여 만일 우리가 거울을 유일한 진리의 통고자로서 신빙치 않

---

[099] 머리가 없는 사람, 여기서는 허수아비

는다면 우리는 우리의 얼굴을 영원히 잃어버리고 말 것이다. 그러나 거울이란 다른 사람이 우리에게서 보는 것 같이 우리의 외모를 그대로 보이는 사실만을 믿으려 할 때, 저 마하의 촌학교 교장은 우리의 낭만적 허영심에 항상 한 개의 넘기 어려운 구덩이를 파고야 만다. 그리면 결국 참된 인간의 얼굴이란 거울의 외부에서만 살 수 있는 것인가? 그리하여 우리는 영원히 우리 자신의 얼굴을 정당하게 평가할 수 없는 것인가?

서설序說이 끝나기도 전에 벌써 약속한 지면은 찼다. 사람은 무조건하고 본론을 바랄는지는 모르겠지만, 나는 이러한 서론 없이 나의 자화상을 그릴 수 없었다. 나는 나의 얼굴을 모른다고는 하지 않는다. 허영에 들뜬 얼굴을 그리기 두려워함이라고는 말하고 싶지 않다. 내 얼굴이 어떻게 생겨 먹었던가 하고 보면 여전히 꾸미기조차 어려운 얼굴, 내 보기가 부끄러우니 소개하기가 더욱 말할 수 없이 부끄러운 이 얼굴—이것이나마 웃음거리가 된다면 본론으로 들어가겠는데, 지여紙餘[100]가 없으니 희극은 다음 기회로 돌릴 수밖에 없다. 물론 이도 한 개의 자화상임에는 틀림이 없지만.

1937년 02월 「조선일보」

---

[100] 나머지 지면

권태倦怠 예찬

인생의 권태란 대체 어디서 오는 자이냐? 그것을 과연 어느 뉘가 알리오마는, 그러나 그것이 우리 앞에 옴에 이 인생은 졸지에 빈상貧相해지고, 졸지에 무색채無色彩해지고, 졸지에 소원해지는 바, 저 저주할 인생의 권태란 대체 어디서 오는 자냐?

좌고우면, 어떠한 방법으로 살핀다 해도 이 세상의 모양은 그다지 심심해 보이지는 않는다. 항상 언제든지 대지 자연은 오묘한 신비와 지미至美[101]한 경관을 감추고 있는 것이며, 이 인생의 생활이라 할지라도 그것은 언제든지 정열과 투쟁과 애착과 발전에 가득하여, 말하자면 천국적으로나 지옥적으로 이는 참으로 비할 곳 없이 흥취 깊은 연극에 속한다 할 수 있다.

이 우주와 인생이 전일前日에 있었던 그대로 의연히 다채하고 다단한 상태에 있어서 존재하고 있음에도 불구하고, 아니 사실에 있어서는 날이 지남에 따라 이 세상은 그 화려함과 미묘함을 더해 가고 있음에도 불구하고, 여기 한 번 이유 모를 권태의 감

---

101 몹시 아름다운

정이 우리를 지배하게 되면, 어찌된 까닭인지 이 세상이 금시에 그 아름다운 매력을 잃는 듯 보임은 물론이요, 그 절주節奏에 응하여 노래하던 우리의 심장은 문득 음악을 중지하고 만다.

그때 이제는 우리를 자극하는 아무 것도 없고, 우리를 즐겁게 하는 아무 것도 없고, 우리를 맞아주는 아무 것도 없는 문자 그대로 평범하고 어두운 이 땅에 날아다니는 건 무엇이냐 하면, 그것은 오직 시들은 낙엽일 뿐이요, 굴러다니는 건 무엇이냐 하면, 그것은 오직 회색의 사력砂礫[102]일 뿐이요, 길고 더디게 발목을 끌고 가는 건 무엇이냐 하면, 그것은 오직 저 공허하고 지루하기 짝이 없는 시간일 뿐이다.

그러나 생각하면 나는 여기서 이 이상 생의 권태가 우리에게 대하여 과연 무엇을 의미하며, 그리하여 권태란 결국 제군의 마음속에 있는 것이요, 결코 이 세계 속에 존재하는 자는 아니라는 등의 주장을 구구히 진변陳辯할[103] 이유를 가지지 않은 듯 보인다.

왜냐하면 우리는 불행히도 이러한 위안 없는 상태를 이미 우리 자신의 흉중에 품고 있는 것이며, 혹은 그렇지 않은 행복한 경우에는 우리는 너무도 용이하게 그것을 우리 주위에서 발견할 수 있기 때문이다.

---

102 모래와 자갈
103 변명할

그러므로 특히, 그대의 시인들은 필설을 같이 하여 권태를 인생고人生苦의 하나로서 지적하고 있으며, 심지어 쇼펜하우어 같은 이는 그의 유명한 염세철학의 근본 원리를 이 인생고 위에 두고 있음을 보아도, 우리는 이것을 조금도 의심함 없이 차라리 당연하다고까지 생각하고 있는 것이다.

사람이 생에 대하여 권태를 느끼게 하는 것은 어떤 의미에 있어서 무상한 현세에 대한 확고한 자아의 정신적 우월을 실증하는 것으로서, 흔히 이것은 주로 정신적 생활을 영위하는 교양 있는 사람은 면할 수 없는 아름다운 숙명이라고 할 수 있다.

그러므로 사실에 있어서도 또한 현대의 많은 사람이 인생고로서의 이 권태의 감정에 사로잡혀 어찌할 바를 알지 못하는 자태를 사람에게 보이고 있는 것은 이른바, 이러한 정신적 우월이 그들로 하여금 그리 되게 한 점에서 우리는 일방으로 그들에게 경의를 표하는 동시에, 그러나 그러한 고상한 정신을 오히려 감동시킬 수 있을 만큼 이 세상이 항상 저속과 평범을 탈脫치 못하고 있다는 점에서는 그들에게 동정의 염을 우리는 금할 수 없는 자이지만, 내가 여기서 한 번 생각하고자 하는 것은 무엇보다도 우리 현대인이 오늘날과 같이 이러한 속도의 시대에 처해서도 오히려 전대인前代人이 경험했음과 같은 인생고를 권태의 감정을 통하여 맛볼 수 있느냐 하는 점이다.

나는 사사로이 다음과 같은 생각에 머리를 갸우뚱거리는 순간이 가끔 있다. 만일에 감정의 시대적 변천이라는 것이 있다면, 우리의 권태감이야말로 시대를 잘 구분하고 있는 것이 아닐까?

우리는 우리의 인생의 의미를 예전같이 그렇게 엄숙하게 토구討究하지 않는 것과 같이 이제 권태를 권태로써 느낄 시간을 가지지 못하는 것은 아닐까? 전 세기의 사람들에게 권태는 얼마나 큰 고통이었을지 모르나 우리들에게 권태가 주는 이 희귀한 한가閑暇는 실로 얼마나 큰 쾌락인가?

'시인의 권태는 황금색으로 빛나는 권태다. 그러므로 시인에게 너무 동정해서는 안 된다. 노래하는 자는 그의 절망까지를 시화詩化할 수 있는 것이다'란 것은 아나톨 프랑스[104]의 말이려니와, 나는 이러한 시인적 마술을 가지고 공허한 시간적 고압으로서의 권태를 시화 예찬하려는 자는 결코 아니다.

차라리 나는 '생활의 철퇴는 바야흐로 격렬하다. 우리는 꿈꿀 사이가 없다'고 말한 독일의 소설가 칼 쇤헤르[105]의 견지에서서 소박한 일, 정신적 노동자로서 우리의 황망한 생활에 종교적 정적을 제공하는 안한安閒한 시간적 해방으로서의 권태를 한없이 찬미하려는 자에 불과하다.

---

104 Anatole France(1844-1924) 프랑스의 작가
105 Karl Schönherr(1867-1943) 오스트리아의 작가

사람이 혹은 이러한 나의 기도를 무모타 하여 안비막개眼鼻莫開[106]의 현대적 동란 속에도 권태로서의 권태는 의연히 존재한다는 것을 주장한다면, 나는 그러한 종류의 숭엄한 권태의 고민이 참여할 수 없는 나의 정신적 둔감과 시간적 분망을 오히려 다행하다 여길 수밖에 없다.

이리하여 여기 내가 단순히 우리 인생이 영영축축營營逐逐[107] 과연 무엇을 구함인지는 알 수 없으나, 하여간 모든 것이 기계와 같이 선회하지 않으면 아니 되는 조급한 시대적 속도 속에 있어 우리에게 유일한 안식의 기회를 보장하여 주는 이 권태를 예찬함은 대단히 자연스러운 일이라면 일이었지, 이것이 참신한 행동이라든가 또는 역설적 태도가 아님은 두말할 것도 없다.

그리하여 물론 이 너무도 격렬한 속력에 광분하고 있는 듯 보이는 현세기의 정신이라 할지라도, 우리의 극도로 피로한 신경에 기적적 완화의 작용을 베풀며, 우리의 새로운 사상 새로운 행동에 대하여 항상 비약적 지반을 빌려 주는 저 말할 수 없이 존귀한 상태에 일편一篇의 송장頌章을 붙이려 하는 우리의 심회를 결코 방해할 수는 없을 것이다.

'고달프고 바쁜 생활에 대개는 눈코 뜰 새가 없는 사람이 때

---

106 분주하여 눈코 뜰 사이가 없음
107 명리를 얻기 위해 매우 바쁘게 지냄

에 있어 격심한 활동과는 가장 멀 뿐만 아니라, 정히 상반되는 한 개의 상태에 한동안 머물 수 있다는 것, 말하자면 이를 바 망중한忙中閑으로써 우리 앞에 문득 나타나는 이 권태! 이는 참으로 형극荊棘에 찬 인생의 생활 속에 숨긴 한 모금의 진통제요, 거칠 대로 거칠어진 인생의 정원에 간간히 솟아나는 한 떨기 장미화에나 비길 자이니, 권태의 이 황홀한 행렬을 어찌 사람은 두 손으로 맞이하려 하지 않고 도리어 흔히 이를 괴롭다 하며 이를 심심타하여 멀리 피하려 하는고?'

그러나 나는 이 권태의 상태를 한없이 사랑하는 자다. 이 속에 앉아 혹은 그 속에 누워 아무 것도 생각지 않음은 물론이요, 무엇인가에 대하여 생각할 야심조차 가지지 않고 더러 담배나 피워 물고 입에서 나오는 자연紫煙의 귀추나 살핌이 사업이라면 또한 사업일 때, 세상의 훤소喧騷[108]는 이제 벌써 먼 곳에서의 일이요, 우리는 기다리는 아무 것도 가지지 않고 또는 우리를 찾는 아무 것이 없을 때, 이러한 때에 우리가 전심적으로 경험하는 바 권태의 쾌감, 무위의 일락逸樂은 참으로 큰 것이니, 이는 말하자면 정신의 체조라고나 부를 수 있을까?

왜냐하면 이것은 우리가 흔히 마당에 서서 아침의 신선한 공기를 들이마실 때 육체의 그것과 도취의 기분에 있어서 서로 공

---

108 소란스러움

통되는 점이 있어 보이기 때문이다.

'총명한 두뇌에 태타怠惰[109]는 존재하지 않는다. 나는 어떤 사람들에게 공허하게 보일지 알 수 없으나, 권태 속에 빠져 있을 때 같이 공부가 된 적이 없다'는 것은 레이몬·라디게[110]의 말이요, '권태 속에, 깊은 권태 속에 우리는 가장 잘 우리의 생활을 맛볼 수가 있다. 권태를 이해하는 사람은 언제든지 어디인가를 취할 곳이 있다. 평범한 쾌락보다 차라리 권태가 낫다'는 것은 르미 드 구르몽[111]의 말이거니와, 우리는 설사 예리한 재주를 가지지 못하고 또 그들과 같은 시적 심경에 도저히 접근하기 어려운 자라 할지라도, 이 권태의 신성한 상태를 애무하려는 점에서는 그들에게 지고자 하는 자가 아니다.

이리하여 우리가 감미甘味한 권태에 몸을 맡기기 위하여 열렬히 요구하고자 하는 것은 현실이 허락하기보다는 이 천국의 은총이 우리 머리에 내리소서 하는 점에 존재하지마는, 불행히도 생활의 철퇴는 바야흐로 격렬하다. 우리는 권태를 느낄 시간이 없는 것이다.

사람은 여기서 기탄없이 나의 천래天來의 태만성을 지적할 수 있을지도 모른다. 그러나 만일에 그 태타가 그 사람에게 무슨 영

---

109 게으름
110 Raymond Radiguet(1903-1923) 프랑스의 시인·소설가
111 Remy de Gourmont(1858-1915) 프랑스의 시인·소설가·문학 평론가

양이 될지도 알 수 없는 경우는 단순히 그 성질만을 가지고 배척할 수는 없는 것이다.

확실히 큰 권태는 비난되어야 할 사람의 나쁜 속성에 틀림없다. 그러나 조그마한 태타는 반대로 크게 찬양되어야 할 성질의 것이라고 나는 생각한다. 왜냐하면 큰 태타가 사람을 내적으로 외적으로 마비시키며 노둔魯鈍[112]케 하는데 대하여, 작은 태타는 우리의 일상생활이 그 조급함과 훤소함을 가지고 우리를 항상 위로할 때, 그것은 우리를 구제키 위하여 문을 열어주는 피난소의 안전판이 되기 때문이다.

그러므로 소한적小閑的인 권태는 조천대우早天大雨[113]의 의미를 갖는다 해도 과언이 아니리라.

1937년 4월 「조선문학」

---

112 둔하고 어리석게
113 마른하늘에 내리는 큰비

문학열

이제 그 이름은 기억할 수 없으나, 일찍이 영국 어느 작자의 소설을 읽다가 대단히 흥취 깊은 장면에 부닥친 일이 있다. 사랑할 술벗이요, 친한 싸움 벗이요, 서로 다 같이 문학의 열렬한 애호자인 어떤 두 친구가 몰리에르와 셰익스피어 두 문호文豪로 말미암아 격심한 투쟁이 야기되는 경과를 그린 장면이 그것이다.

두말할 것 없이 논쟁의 중심점은 이 두 문호 중의 어떤 자가 더 위대하냐는 것에 있으며, 또 무엇보다도 그 점을 즉시로 처결함이 이 두 사람에게는 한없이 중대한 문제였던 것이다.

그래서 이 두 친구는 깊어가는 밤 에든버러 시의 큰 길에 서서 피차에 지긋지긋하리만큼 자기가 숭배하는 문호의 어구를 인용, 나열하기 시작하는 것인데, 결국은 순사가 나타나서 흥분한 그들의 싸움을 말릴 때까지, 말하자면 전투는 전광석화電光石火적으로 계속되는 것이다. 만일에 이때 경관이 나타나지 않았다면 이 전쟁은 언제까지나 계속되었을까 하고 독자인 나는 자못 큰 염려가 되는 것이지만, 이러한 쾌활한 장면을 그린 그 소설을 읽었을 때, 나는 이 같은 종류의 논쟁이란 퍽 어리석은 짓이라는 것을 첫째로 생각하는 동시에, 그러나 이러한 맹목적 열정은 그것이 금전에 대한 탐욕의 싸움이 아니요, 여자를 위한 치정의 싸움이 아니요, 개인적 해害를 떠나 문학을 사랑하는 마음에서 우러나온 하나의 순결한 정신적 감정임에 틀림없음을 생각할 때 무엇인지 알 수 없는 매력이, 어딘지 알 수 없는 곳으로 나를 이끌고 가는 것을 둘째로 깨닫지 않을 수 없었다.

우리 역시 우리가 비교적 순진한 문학청년이던 한 시절에는 물론 자그마하고, 좀 더 얌전한 형식으로 자기가 존경하는 작가를 위하여 분투 노력, 어리석은 쟁탈전에도 참여함을 물리치지 않았지만 이제는 진실로 무모한 흥분을 생각하면 지나간 좋은 날의 아득한 추억이 되고 말았다.

우리는 이 어리석은, 그러나 문학의 번영을 위해서는 절대로 필요한 아름다운 편견, 사랑할 맹목을 어떻게 하면 다시 얻을 수 있을까? 감히 밤의 종로 네거리를 소연騷然히 하고, 문학적 의견의 적으로서 상대함을 원지는 않으나, 좋은 의미의 문학청년으로서 구두口頭로서나, 필단筆端[114]으로서나 좋은 의미의

---

[114] 붓끝

논쟁을 소박하게 하는 기풍을 널리 너무도 무풍호담無風豪膽[115]한 문단에 일으킬 수 있었으면 확실히 그것은 그다지 해로운 일은 아닐까 한다.

그리하여 문단의 이러한 기풍이 어느 정도까지 독자의 기품을 유도해 가고 규정해 갈 수 있음은 또한 췌언贅言[116]할 필요가 없다.

문학청년이라면—조선에는 어쩐지 좋은 의미의 문학청년이 잘 나타나지 않는 듯 보인다. 다시 말하면 야심 있고 소질 있는 신선한 문학적 요소가 이미 있는 바 문학 속에 가미되는 일이 지극히 희귀하다는 것이다. 날은 새롭고 계절은 변하여도 문단을 대관大觀하면 옛 그대로의 발자취요, 옛 그대로의 살림이다. 우리가 귀를 기울이고 눈을 떠 볼만한 새로운 말, 새로운 생각이란 이미 없어졌다는 말인가?

신문 잡지를 펼치면 항상 아는 사람의 얼굴이요, 항상 듣던 사람의 이름인 데는 사실 절망을 느끼지 않을 수 없다. 더러 가다가는 새로운 이름의 일맥一脈의 신선미를 띤 강렬한 자극이 이곳에는 간망懇望[117]되고 있음에도 불구하고, 이러한 종류의 새로운 수확이 극히 적은 것이 유감이다.

---

115 조용하고 담대한
116 쓸데없는 군더더기 말
117 간절히 바람

슈니츨러[118]의 작품에 한 문학자가 익명으로 자기의 작품을 비평하고 반박하는 것이 있음을 보았지만, 만일에 여기 새로운 말을 가진 신인의 출현이 이와 같이 드물다면 역량 있고 정력 있는 기성문인의 이중 인격적 활동은 문학의 풍부를 위하여 절대로 필요한 것이 아닐까 나는 생각한다.

1937년 4월

---

118 Arthur Schnitzler(1862-1931) 오스트리아의 소설가·극작가·의사

독서술

"내가 만일에 내 생애를 한번 통관通觀[119]하여 본다면, 내 생애에 있어서 가장 행복된 시간을 나는 아마도 서적에 귀착시킬 수밖에 없음을 발견한다. 좋은 서적은 항상 언제든지 우리에게 무엇인가를 제공하면서, 그러나 그 자신은 어떠한 것도 우리에게서 요구하지 않는다. 서적은 우리가 듣고 싶어 할 때 말하여 주고, 우리가 피로를 느낄 때 침묵을 지켜준다.

서적은 몇 달이나 몇 해이던 간에 참으로 참을성 있게 우리들이 오기를 기다려, 그리하여 설사 우리들이 하다 못해서 다시 그것을 손에 든 때라도 서적은 결코 우리의 감정을 상하는 일은 하지 않고 최초의 그날과 같이 친절히 말하여 준다.

책을 가지고 있고, 그것을 읽는 이성理性을 가지고 있는 사람이면 그는 결코 완전히 불행할 수 없다. 이 지상에 있을 수 있는 가장 좋은 사교를 갖고 있는데, 왜 그가 불행하여야 된다는 말

---

[119] 전체를 훑어

이냐?"- 파울 에른스트[120]

오늘날에 있어서 우리들의 생활과 서적은 상호 불가리不可離의 깊은 관계를 맺고 있으니, 가정이면 가정마다 다소간 책을 갖고 있지 않는 집이라고는 없는 것이며, 애독하는 책, 혹은 필요한 책들이 꽂은 고요한 서가가 실내의 일우一隅에 세간의 일부분으로서 반드시 놓여 있는 것을 우리는 발견할 수 있다.

그리하여 모든 사람은 문자를 이해하고 있는 이상 독서가로서의 자격을 구비한다고 말할 수 있을 것이니, 사실상 우리들은 기회가 있을 때마다 독서 행동에 나아가고 있다. 아침에 일어나면 신문도 읽으며, 편지가 배달되면 편지도 보고, 새로이 잡지가 나오면 잡지도 뒤적이며, 그 위에 더 좀 여가가 있다면 단행본 같은 것도 읽는다. 다만 문제는 독서의 정도에 차이가 있을 따름이라 할 것이다. 즉 다시 말하면, 어느 정도로 우리가 서적을 이용하며, 또 독서를 위하여 얼마만큼의 시간을 할애하느냐 하는 점에 문제는 소재할 것이다.

남자도 학교를 졸업하고 사회인이 되면 책과는 절연絶緣하는 사람이 많다. 여자는 더욱이 결혼을 하고 가정주부가 되면 자녀 양육이라는 뒤치다꺼리가 이만저만하지 않으므로 사부득이事不

---

120 Paul Karl Friedrich Ernst(1866-1933) 독일의 소설가 ·평론가

得리[121] 대개는 책과 담을 쌓게 된다. 그러나 이 자녀 교육이라는 것만을 가지고 본다 하더라도 자녀교육의 중요성은 그 물질적인 일면에 있기보다는 그 정신적인 방향에 있는 것이다.

부인은 좋은 전통의 보호자라는 말을 우리는 가끔 듣는데, 이 말은 무슨 말인고 하면, 부인은 대대로 물려오고 내려오는 정통과 유산과 습관과 풍속을 잘 받아들이고, 잘 간직해서 이를 후세에 전함에 있어 남자보다도 훨씬 중요한 위치에 있다는 것을 지적한 말이다.

조부모가 남겨놓은 헌 옷가지를 줄이고 꿰매서 손자들에게 입힐 뿐만이 아니라, 우리의 선조가 가지고 있는 문화적으로 기념할 만한 보물과 기구器具를 후대에 남겨주고, 모든 좋은 풍속과 행사와 노래와 이야기와 제식祭式과 의식儀式과 유희 같은 것을 후세에 인상 깊이 새겨줌으로 하여 그 모든 것이 새로운 형식으로 발전되고 성장되도록 만들어 주어야 할 의무, 그러한 아름다운 의무를 부인들은 가지고 있다는 것을 두고 하는 말이다.

특히 우리 한국이 현재 건국 도상에 처하여 새로운 생활 원리, 새로운 자녀교육의 이념을, 가정은 세워야 할 중대한 시기에 있으므로 단순히 명랑 평화한 가정을 위해서만이 아니요, 실로 건국을 위하여 모든 사람은 남녀를 불문하고 독서에서 정신적

---

121 마지못하여 하는 수 없이

인 자극을 구해야 될 시기에 직면한 것이다.

적어도 책을 읽는 사람이면 책에 대한 선택을 한다. 어떤 일정한 목적을 가지고 책을 참고하는 전문가, 독서가는 다시 말할 것이 없고 심지어는 초등학생, 중학생 또는 독서에 있어서의 초보자들만 해도 자기가 읽을 수 있을 만한 책을 읽는다던가, 자기의 힘으로 살 수 있는 책, 또 자기 수중에 들어온 책을 읽는다는 점에서 보면 모든 독자는 책에 대하여 일종의 선택법을 사실상 실행하고 있다고 볼 수 있을 것이다.

마치 우리가 백화점과 같은 곳에 들어가서 소용품을 살 때 이것을 살까, 저것을 살까 고르고, 생각하고, 추리고 하는 태도와 조금도 다를 것이 없으니, 문제는 어떤 물건을 택해서 사는 것이 자기에게 제일 적당하고 유리할까 하는 점에 있지 않을까 한다. 다 같이 그만한 내용과 형식을 소유하고 있는 많은 상품 중에서 가장 나은 것을 실지로 사용하고 시험하여 보기 전에 추려 내고 뽑아낸다는 것은 대단히 어려운 일이다.

서적의 선택도 역시 이러한 행동과 조금도 다를 것이 없으니, 그 부분에 의해서 그 방면의 전문가가 아니고 보면 물론 확실한 표준을 세울 수 없는 것이다.

서적의 가치는 간단히 말하면 책 속에 기록되지 않은 것은 아무것도 없다는 점에 있으며, 그리하여 그때그때 그 책을 펴기만 하면 우리들이 요구하고 있는 것이 무엇이든지 반응되어 나온다는 점에 있을 것이다. 그러나 책의 가치가 이와 같이 아무리 절대하다 해도 만일 우리가 이를 잘 선택해서 효과 있게 읽지 않는다면 수백 권이라 하는 서적이 그 가치를 잘 발휘할 수 없을 것은 두말할 것이 없다.

여기 독서의 의미와 책을 선택하여야만 되는 필요가 생겨나는 것이다. 원래 책은 읽혀지기 위하여 생긴 물건이므로 한 권의 책은 수많은 독자를 가지고 있는 것이다. 우리들이 현재 가지고 있는 책은 그 책을 만든 저술가의 독립된 지식에서 생겨난 것은 결코 아니다. 이 세상이 시작된 이후로 책이라 하는 이 귀중한 상속품은 세대로부터 세대로 물려오고 상속되어 온 까닭으로 오늘날 우리들이 볼 수 있는 것 같은 인간 지식의 총화總和, 총결산에 대한 귀중한 기록물로서 도서는 우리 앞에 놓이게 된 것이다.

물론 독서는 많이 하면 할수록 좋은 것이겠으나, 훌륭한 책이었음에도 불구하고 우리가 만일 그보다 못한 책을 읽는다면 정력과 시간의 손해는 여간 큰 것이 아니다.

학문의 길은 그 갈래가 무수하고 도서의 수효는 무진장하다. 이 세상에 있는 책의 수는 무려 삼십억만 권이나 된다고 한다. 이처럼 책은 많은데 우리가 독서하는 시간을 충분히 못 가진 사실은 우리에게 절대적으로 서적 선택의 필요를 느끼게 할 뿐만 아니라, 모든 사람은 그 지식 정도가 다 다르고 그 취향과 기호까지 서로 다르므로 더욱이 책의 선택은 필요한 것이다.

일찍이 독일 문호 괴테는 '나는 독서하는 방법을 배우기 위해서 팔십 년이라는 세월을 바쳤는데, 아직까지도 그것을 잘 배웠다고는 말할 수 없다. 사람들은 가치 없는 책을 너무도 많이 읽는 경향이 있다. 그 결과는 시간만 공연히 허비할 뿐이고 아무 소득이 없다. 우리는 항상 경탄할 만한 가치가 있는 책을 읽어야 한다'고 말한 일이 있다.

여기 괴테가 경탄할 만한 가치가 있는 책이란 것은 영구히 오늘날까지 전해 내려온 고전을 말하는 것으로, 적어도 고전에 속하는 그 책이란 그 책을 저작한 사람이 그것을 쓸 적에 우리들을 위해서 살고, 우리들을 위해서 생각하고, 우리들을 위해서 느낀 진실한 서적을 말하는 것이다. 그러므로 책을 선택함에 있어서 가장 상식적이요, 가장 확실한 표준은 될수록 세계적으로 유명한 인격과 그 인격에서 흘러나온 언행에 접근하는 방법일 것이다.

아직 유명하게 되지 않은 것, 아직 확실히 평가되지 않은 많은 책을 읽기보다는 정평이 있고 사회적인 선택을 여러 번 거친 고전을 읽는 것은 가장 틀림이 없는 책의 선택법일 뿐만이 아니라, 실로 고전은 성서라든가 논어, 맹자와 같은 오늘날까지, 아니 미래까지도 길이길이 그 생명을 지속할 수 있는 책을 말하는 것이므로 그 가치가 영구함은 물론이요, 그 가치가 확실한 만큼 그것은 만인의 흉리胸裡[122]에 감동을 일으키고 힘이 센 영향을 주는 것이다.

그러나 고전도 물론 많으므로 그것을 우리들이 전부 독파한다는 것은 불가능하다. 그러므로 고전 중에서도 엄밀한 선택법을 실행한 후에 고전의 고전을 읽는 것이 필요한 것이다. 그리하여 고전 한 권을 정독하느니보다는 그 시간에 두 권 세 권, 다독주의多讀主義를 추하여 고전의 대강을 짐작하도록 하고, 그것을 대강 추려서 읽은 다음 자기의 취향을 좇아서 매력 있는 책을 다시 선택하여 정독하도록 함이 좋을 것이다.

독서 행동은 물론 일종의 정신활동에 속하므로 정신을 전적으로 운전시키기 위하여서는 육체는 될수록 피로하지 않도록 완전한 이완상태에 놓여야 할 것이다. 여기 독서에 있어서의 자세의 문제, 묵독黙讀, 음독音讀과 낭독朗讀의 장단, 공과功過 등 독서술에 있어서의 여러 가지 문제가 있을 것이로되, 그런 것은 다른 기회에 밀기로 한다.

1937년 9월

---

122 가슴속

여행철학

세네카의 여행론

여행철학이란 제목을 붙이고 보니, 제목만은 그럴듯하나 사실 그 내용인즉 별로 신통치 못하다. 나는 단순히 여행이 왜 사람에게 필요한가, 그래서 그 의의와 효력은 나변那邊[123]에 있는가 하는 문제를 다음에 간단히 생각해보려함에 불과하다. 여행이 우리의 정신생활에 대해서 중요한 역할을 하고 있다는 것은 이미 오늘날에는 일편의 상식이 되고만 까닭도 있겠지만, 기행문을 쓰는 사람이 많으나 여행 자체를 논하는 사람은 거의 없으므로, 더러는 이러한 개념적 반성도 무의미하지는 않으리라 생각한 끝에 나는 붓을 들어본 것이다.

여행철학이라면 무엇보다도 먼저 우리 머리에 떠오르는 것은 희랍의 철학자 소크라테스의 여행에 대한 유명한 말이다. 그는

---

[123] 어디

일찍이 여행을 했어도 아무 이익과 소득이 없었음을 탄식한 어느 사람에게 대답해 가로되, '그대가 그대의 여행에서 덕을 보지 못했음도 결코 부당한 일은 아니었소. 왜냐하면 그대는 결국 그대 자신빈약한 그대 자신과 더불어 여행할 수밖에 없었으므로!'라 했다. 실로 지언至言이라 않을 수 없다.

누구든지 무조건하고 여행만 하면 원래가 빈약한 머리일지라도 금시에 풍부한 정신을 담은 별인간別人間이 되어서 돌아오리란 법은 없다. 여행에 의한 수확의 다소는 결국 여행하는 당사자가 이미 가지고 있는, 혹은 깊고 혹은 얕은 지식 정도의 여하, 혹은 예리하고 혹은 우둔한 감성적 직관력의 여하에서 필연코 결정되지 않을 수 없기 때문이다. 그러나 사세事勢가 이와 같음에도 불구하고 많은 사람은 순전히 자기 자신을 떠나 얼마나 많은 소득을 헛되이 여행에서 기대하는 것인가!

로마의 철학자 세네카는 소크라테스의 그러한 의견을 계승해서 그의 명저 『루셀리우스에게 보내는 서간』 속에 여행론을 피력한 바 있었으나, 요컨대 그의 논거는 '장소의 변화가 육체를 간혹 안일하게는 할 수 있어도 진지한 내적 활동에 의해서만 도달할 수 있는 영혼의 안정을 보좌할 수는 없다'는 데 있다고 설명한다.

나는 여기서 그의 104통에 달하는 편지 전체를 번역해낼 지면의 여유를 갖지 못하므로, 그 주요한 구절만을 초역抄譯한다면 대강 다음과 같다.

'…그대가 설령 바다를 건너고 도시를 바꾼다 한들 그것이 무슨 소용이랴? 그대가 만약에 그대를 괴롭히는 것들로부터 피하려면 장소의 전환을 꾀하기 전에 모름지기 별인간이 되기를 힘쓰라.

일찍이 여행 자체가 누구에게 무슨 소득을 주었느냐? 그것은 욕망을 제어해준 일이 없으며, 그것은 분노를 눌러준 일도 없으며, 그것은 또한 사랑의 격렬한 충동을 막아준 일도 없다. 간단히 말하면 여행은 영혼을 모든 죄악에서 해방시켜준 일이 없었던 것이다. 그것은 우리의 판단력을 불러내어주지도 않으며, 그렇다고 또 우리의 과실을 소산시켜 주지도 않는다. 여행은 단순히 모르는 것을 보고 놀라는 어린이를 대하는 작용을 우리에게도 줄 뿐이니, 그것은 잠시 동안 그 습격적인 신기성新奇性을 통해서 한 번에 많은 인상을 가져옴으로써 매력을 느끼게 하나, 그러나 이 간단 없는 인상의 폭주가 우리의 병약한 영혼을 더욱 무상하게 하고 더욱 피상적이게 만들 것은 정한 이치다….

여행은 사람을 의사로 만들어주고 웅변가로 만들어 준 일이 없다. 또한 예술도 장소에 의해서 도야陶冶된 일이 없다. 왜냐고 하느냐? 보라, 최대 최고의 예술인 지혜가 도중에서 일찍 수집된 일이 있느냐? 욕망과 분노와 공포의 영지로부터 완전히 초탈한 여행지란 이 세상에는 없다고 나는 확신한다….

여행은 아무 소득도 가져오지 않음을 그대는 놀라워하는가? 그러나 문제의 소재점所在點은 실로 그대 자신 속에 있다. 우선 그대 자신을 개량하라. 모든 죄과로부터 해방되어 영혼을 정결히 하라. 그래서 그대가 유쾌한, 여행을 하려거든 그대의 동반자즉, 그대 자신의 결함을 교정하라…'

여행의 의의와 가치

우리가 생활에서 오는 모든 속박과 심려를 일조일석一朝一夕에 끊고, 일찍이 보지 못한 자유천지를 표표漂漂히 소요逍遙할 때 이를 아름답고 신기한 경물景物이 주는 수많은 신선한 인상은 얼마나 우리의 눈을 즐겁게 해주는가. 확실히 여행은 우리가 가질 수 있는 가장 큰 향락의 하나임에 틀림없다.

그러나 여행은 한낱 향락에만 그치는 것이어서는 아니 될 것이니, 여행은 원래 한 가지 향락 이상의 것이기 때문에 우리는 여행에 의하여 당연히 향락 이상의 무엇을 획득하지 않으면 안 된다.

우리는 물론 아직껏 엄격한 철인哲人 세네카가 사람 각자에게 요구함과 같은 그러한 동반자를 대동하고 여행에 나갈 수 없다손 치더라도, 우리들은 세상 물정을 대강大綱 참작參酌하는 지식인인 이상엔 여행이 가르치는 학문에 전면 무감각할 수는 없다고 할 것이다. 이 점에 있어서는 우리 역시 여행이 하나의 좋은 학문임을 요구하는 자다. 생각하여 보라. 알지 못하는 땅, 보지 못하던 산천, 눈에 익지 않은 생활, 기묘한 언어풍속의 모든 것을 우리 자신의 눈으로 본다는 것이 학문이 아니라면 대체 어떠한 것이 학문이랴!

우리는 여행 그것 때문에 모든 구속을 탈脫하고 모든 근심을 잊을 뿐만 아니라, 우리가 여행에 의해서 문득 알지 못하는 많은 것을 보게 될 때, 우리는 별로 노력함 없이 무의식적으로 극히 귀중한 얻기 어려운 실제교육을 간단없이 자기 위에 베풀고 있는 것이다.

만일에 귀로만 듣는 개념적 교육이 죽은 교육이라면, 이 눈으로 볼 수 있는 구체적·실험적 교육은 산교육이라 할 수 있으리라. 그러기에 언제든 여행의 학문은 활발한 감흥을 끊임없이 우리 가슴속에 일으키지 않는가.

일찍이 철학자 쇼펜하우어는 근대교육의 근본적 결함을 지적해서 그것이 너무나 개념적임을 말하고 많은 학교와 아동은, 가령 한 예를 들면 바다라는 실물을 보기 전에 바다의 개념을 주입하기 때문에 그 이지적 발달이 늦음을 논한 바 있었거니와, 그런 점에서 보더라도 여행은 교육적으로 중대한 의미를 갖는 것을 알 수 있다. 근자近者에 소위 수학여행이 학교교육의 중요한 행사의 한 가지로 된 이유는 실로 참된 견식을 여행에서 구하려는 강렬한 요구의 표현이나 다름없다.

일찍이 시인 바이론 경이 그가 젊었을 적에 이 세계의 많은 곳을 편력遍歷함으로 의해 무수한 사실에 면접하지 못했었던들 그의 정신생활은 확실히 지금만큼 넓지 못했으리라 하고 술회했을 때, 이것은 그 상상력이 낯선 땅을 밟고, 고대의 많은 기념물을 보며 가 버린 위인의 행적을 회상하여, 말하자면 역사의 영원한 진리에 직면함으로 의하여 얼마나 풍부해질 기회를 가질 수 있었느냐 하는 사실을 고백한 것에 불과하다.

사실 하나의 경관은 그것이 설사 얼마나 훌륭하고 도취적인 매력을 가지고 있다 하더라도, 그 속에 움직이고 있고 그 속에 충만되어 있는 사람과 운명과 생활을 직접 우리가 눈으로 볼 수 있는 순간에 비로소 그 최후의 내용을 현시顯示하는 것이요, 또 어떤 경관이 아름답다는 것도, 그것이 인간적 운명과 서로 결합됨으로 하여 애절하고 고귀한 광채를 발하기 때문에 아름답다고 말하는 것이요, 그 자체가 아름다운 경관이란 있을 수 없다.

한 장의 사진, 한 폭의 그림, 한 권의 지리서, 그것은 결국 이러한 인간적 결합의 호흡을 충분히 나타내게 할 수 없기 때문에 실물과 같이 우리를 감동시킬 수 없는 것이다.

우리가 여행의 기회를 가짐으로 하여 간혹 어느 경관을 구경할 때, 그것은 흔히 우리에게 명승고적을 찾게 하고 언어 풍속에 유의留意시킴으로써 우리로 하여금 지리, 민속, 역사, 예술, 기타 여러 가지의 학문연구에 대한 동기를 제공하는 것이니, 우리의 정신생활에 대한 여행의 의의와 가치는 참으로 크다고 하지 않을 수 없다.

여행의 성능

장소의 전환이 만인에 대하여 무조건 효과를 가져오는 것이 아님은 세네카의 여행론에서 이미 명백하게 설명되었다고 생각할 수 있거니와, 우리가 여행에서 획득할 수 있는 수확의 다소는 여행하는 그 사람의 지식 정도와 관찰력의 여하에 따라 결정되는 것이므로, 여기서 우리는 당연히 사람이 여행에서 차지할 수 있는 수확은 다소에 응하여 여행자의 종류를 대개 세 가지로 나눌 수 있으리라고 생각한다. 일一은 여행에 있어 소위 천재天才를 갖는 사람이 그것이요, 이二는 여행에 재조才操가 있는 사람, 삼三은 여행에 전연 무지한 사람의 그것일 것이다.

그래서 여행의 천재란 단 한 시간을 여행하고 돌아오는 때라도 말할 수 없이 풍부한 인상을 얻어 가지고 오는 사람을 말함은 물론이니 '일 몬도 에 포고', 즉 '세계는 작다'하고 부르짖은 콜럼버스를 위시해서 일찍이 지구상에서 많은 발견과 많은 탐험에 성공한 마르코 폴로, 바스코 다 가마 같은 이는 천재적 여행가에 속할 인물들이다.

이러한 여행의 천재들에 대해서 여행에 재주가 있는 사람은 어떠냐 하면, 그들은 자기가 여행한 이곳저곳의 경이를 이야기할 수 있기 때문에 오랫동안 여행이 필요한 사람들에 대해서 말한다. 그러나 불행히도 이 세상에는 전혀 무지한 종류의 사람들이 얼마나 있는지 알 수 없다. 이 사람들은 좋은 곳을 아무리 오랫동안 여행하고 돌아와서도 특별한 감상이 없으며, 기이한 발견이 없는 사람들이고 보면, 우리들로 하여금 어찌하여 그들은 금전과 시간을 허비해가면서 애써 여행을 하고 왔는가를 의심하게 한다.

여하간 여행은 이와 같이 사람의 소질과 밀접한 관계를 갖는바, 여행은 사람의 성향과도 불가리不可離의 관련을 갖는 것이니, 왜냐하면 그가 어떤 방법으로 여행을 하느냐 하는 것은 그의 성향, 다시 말하면 그의 세계관이 문제이기 때문이다. 이것은 우리가 여기 낭만적 성향을 가진 사람과 조직적 두뇌를 가진 사람이 여행에 나아갈 때 두 가지 서로 틀린 태도를 잠시 생각하여 보면 용이하게 이해할 수 있을 것이다.

원래 여행은 그 성질상 낭만주의자와 깊은 관계를 가지고 있는 것이니, 낭만파는 여행의 길에 나서되 모든 계획과 숙고를 무시하고 발이 돌아가는 대로 천하를 발섭跋涉[124]하기를 사랑하는 자니, 푸르게 갠 하늘을 우러러보다가 그 발이 간혹 거리의 진창에 빠진들 관할 바이랴! 그들의 아름다운 꿈과 동경이 그들을 군주로 삼을 지도 알 수 없는 엄청나게 요괴한 나라가 이 세상 어느 구석에 없지도 않으리라는 점에 놓여 있기 때문에 애절한 서정시를 혀 위에 굴리면서 정처 없는 소요에 심취하는 것이다.

그러나 이에 대하여 조직적 두뇌를 가진 이성파는 낭만파와 상반되는 태도를 취할 것이니, 그들의 여행에 있어서 무엇보다도 중요한 것은 여정을 면밀히 기록한 비망록일 것이다. 그래서 그의 비망록에는 모든 것이―여행 지점과 기차 기선의 발착시간은 말할 것도 없고 여행에 들 비용까지도 세세히 기입되어 있어서 명明, 하일何日, 하시何時에는 모처에 가서 있을 것, 하일何日 하야何夜에는 하처何處에 도착될 예정인 바, 그 전에 잠시 도중하차를 하여 모모처某某處를 들를 것, 여관에 일박하는 시간을 이용하여 하복세탁을 할 것 등―그러한 모든 것이 사전에 작성되

---

124 여러 곳을 두루 돌아다님

어 그는 대부분 그 계획대로 움직이는 것이 얼마나 현명한가를 잘 알고 있는 것이다.

성향의 차이에 의하여 여행의 방법이 상반되는 예를 이상 열거할 필요는 없으려니와 성향의 차이는 또한 여행지의 선택에 있어서도 여실히 나타나는 것이 상례이니, 한 경개景槪가 모든 사람을 다 같이 감동시킬 수는 없는 것이다.

인자仁者는 요산樂山하고 지자智者는 요수樂水라는 말과 같이 어떤 사람은 산을 좋아하며 어떤 사람은 물을 즐긴다. 사람은 한 풍치를 관상하는 경우에라도 그것은 요컨대 자기 자신을 그 경관 속에서 발견하려는 것이므로 그 성향이 목가적인 사람은 목가적인 풍경을 사랑할 것이요, 그 성향이 정열적인 사람은 그러한 질주를 담은 풍치風致를 택할 것이다. 그 풍경 자체에 본질적인 우열의 차가 없음은 물론이다.

여행의 금석今昔[125]

우리가 어느 기회에 유명한 고인의 전기류를 읽게 되면 으레 부딪치는 문구가 하나 있으니, 즉 그 문구란 '청년시대에 그는 이태리, 불란서, 독일, 영국 등 각지를 여행하였다'

---

[125] 지금과 옛적

는 내용이 그것이다. 그래서 이 여행이 그들의 정신적 발전에 대하여 얼마나 중요한 전기轉機가 되었는가 하는 사실을 그들이 역설하고 있는 것을 우리는 본다.

사실상 가령, 여기 한 예를 독일의 세계적 문호 괴테에게서 구한다 하더라도, 그의 이태리 여행은 너무나 유명한 사실이요, 그래서 만일에 괴테에게 이태리 여행이 없었던들, 오늘날 우리가 볼 수 있는 그의 진면목은 얼마나 감소되었을까 하는 것을 상상하기는 어려운 일이 아니리라.

교통이 미비한 시대에 처하여서는 여행이 오늘날에 있기보다는 비할 수 없이 얻기 어려운 기회의 하나였던 만큼, 여행은 확실히 오늘보다 더욱 중대한 의미를 가질 수 있었다. 오늘날엔 소위 군중의 여행시대가 출현된 감感이 불무不無한 만큼 여행은 흔하게 평범하게 되었다. 그래서 여행하는 것이 옛날 보담 훨씬 편리하게 되고 흔하게 된 만큼 여행 그것을 향락하는 능력도 옛사람에 비하여 현대인의 그것이 열악하게 된 사실이다.

독일의 유명한 역사가요, 또 시인인 그레고로비우스[126]는 일찍이 청년시대에 저 불편하기 짝이 없는 우편마차와 노마를 타고 멀리 이태리까지 여행한 일이 있었는데, 여행 당시의 감상을 그는 그의 저서인 『이태리 편력 수 년』 속에서 다음과 같이 말

---

[126] Ferdinand Gregorovius(1821-1891) 19세기 독일의 문학자·역사가

한 일이 있다.

즉 '기차는 오직 너무도 빨리 달음질칠 뿐이다. 말하자면 우리는 성급한 운동을 가지고 땅 위를 활주할 뿐이다. 여기서 기차를 탄 사람의 정신이 자주성을 잃은 것은 말할 필요가 없다. 눈앞을 스치고 갈 뿐인 이 모든 관련 없는 현상의 꿈속같이 보게 되는 이곳에서 무슨 심각한 인상이 생기랴!'고. 여행자에게 평정하고 관조적인 유유한 태도를 허락하지 않는 기차의 속도에 대한 그의 비난에는 일리가 있다. 그러나 현대는 뭐라고 해도 속도의 시대다.

요즘은 비행기 여행조차 조금도 진기할 것이 없는 시대가 되지 않았는가. 불란서 문인 장 콕토[127]가 저 유명한, 쥘 베른[128]의 소설을 본받아서 팔십일 동안 세계를 일주하던 계획에 응한 것은 아직도 우리들의 기억에 새롭다.

오늘날 우리가 문명의 이기를 이용하지 않고 여행을 살리기 위하여 구태여 말을 타고 혹은 보행으로 한가로운 여행을 한다는 것도 문제려니와, 흔히 우리가 달아나는 기차에 몸만 실었다가 내리면 이것을 곧 휴양이라고 칭하고 만족해하는 것도 여행의 본의를 잊은 것으로 문젯거리가 아닐 수 없다. 여행의 의의가 먼 곳을

---

127 Jean Cocteau(1889-1963) 프랑스의 시인·소설가·극작가
128 Jules Verne(1828-1905) 19세기 프랑스의 소설가

가까운 곳으로 만들어내는 것에만 있다면, 그것이 만일 우리의 정신적 향상에는 별로 기여하는 바가 없다면, 이러한 장소의 변화만큼 무의미한 것도 드물 것이다.

참된 여행은 아리스토텔레스도 일찍이 말한 것처럼 무엇보다도 먼저 하나의 다른 존재 양식이 되려는 과도적 수단이 아니면 안 된다. 여행에 의하여 외부 세계가 변할 뿐만 아니라, 우리 자신의 내부 생활이 또한 그에 따라서 변하는 것이 아니어서는 안 된다. 그러므로 여행을 한다는 것은 돌아다닌다는 것을 의미하고, 변화한다는 것을 의미하고, 별인別人이 된다는 것을 의미한다. 그래서 우리는 사실 모두가 동경하고 있는 아름답게 빛나는 먼 곳을 가지고 있다. 그러나 우리가 동경하는 이 먼 곳이 실상은 그다지 멀지가 않을 곳이요, 그것은 먼 곳에 대한 동경심을 자기 자신 속에 갖는다는 것이다.

현대 독일의 문인 한스 베트젠은 언젠가 여행에 관한 그의 조그만 글 속에서 다음과 같은 말을 한 일이 있다.

'나는 내가 죽는 날에는 내 피부로서 여행 가방을 제조하도록 유언장을 쓸 작정이다. 그래서 나는 이것을 열광적인 여행자에게가 아니요, 이 세상을 참으로 잘 발섭跋涉할 줄 아는 현명한 내면적인 여행가에게 주기로 하겠다. 최소한도의 시간에 최대한도의 구경함을 명예로 삼고 속력을 내어 휘적거리는 여행가를 나는 경멸한다'고. 사후까지도 참된 여행가의 동반자가 되려 하는 그의 심원心願에는 참으로 감격할 만한 것이 있지 않은가!

1939년 9월

여성미에 대하여

우리들이 어떤 여성을 불러서 미인이라고 할 때는 무엇보다도 밖으로 나타나 있는 외모가 아름다운 것을 표준으로 삼고 말하는 것이 보통 인상인가 봅니다.

우리가 적어도 미인에 대해서 무엇이라고 말하는 이상, 그가 타고 난 선천적인 태도의 아름다움은 확실히 무엇보다도 힘센 미인의 조건이 된다고 생각할 수 있습니다. 첫눈에 보아서 그 육체가 아름다운 여성, 그같이 우리들의 마음을 얼른 이끌어가는 사람은 없습니다. 그러나 아름다운 외모를 가진 여자가 항상 행복하며, 언제까지 그 마음씨까지 고우냐하면 절대로 그렇지는 않습니다. 육체적으로 아름다운 까닭으로 하여 많은 죄악과 번민을 가질 수도 있는 것입니다.

저 타기唾棄할 자부심이랄지 허영심은 거의 모든 종류의 미인의 속성이 되어 있다시피 한 나쁜 성질이 아닙니까? 어찌 그뿐이리오. 만일에 육체미의 소유자가 하나의 좋은 양심을 가지고 있다면, 그는 자기의 미모가 다른 사람들에게 부러워하는 마음을 품게 하고, 남자들의 마음을 공연히 어지럽게 만들며, 자기의 정신미精神美가 값없는 육체미 때문에 흔히 한각閑却되는 것에 적지 않은 고적孤寂을 느끼게 될 것은 정한 이치입니다.

생각해 보십시오. 설사 아름다운 육체라 할지라도 그 육체 속에 만일 밉고 고약하고 어리석은 정신이 들어앉아 있다면 우리는 그 여자를 불러서 가히 미인이라고 할 수 있을까요? 슬픈 일이지만, 사실이 세상에는 마음은 나쁘고 육체는 훌륭한 이런 종류의 미인만이 표본으로써 통용되고 있을 뿐입니다. 그런 까닭으로 이런 점에 대해서 우리가 한 번 깊이 돌려서 생각해 보면, 이제까지의 우리의 미인에 대한 인식이 얼마나 그릇된 것이었던가 하는 사실을 이해할 수 있을 것이요, 또 여기서 우리는 이제 한 여성이 사랑을 받고 행복을 누릴 수 있기 때문에 그 여성은 반드시 육체적으로 아름다워야 할 이유도 필요도 없다는 사실을 이해할 수 있을 것입니다.

물론 대부분의 남자들은 외양이 아름다운 여자를 좋아하기도 하고, 또 그런 종류의 미인에게 반하기가 쉽습니다. 그런데 무릇 이 반한다는 것이 첫째 문제입니다. 왜 그러냐 하면, 이 미모에 얼른 반했다는 것이 반드시 길고 오랜 사랑과 고요하고 참된 행복을 약속해주는 것은 아니요, 차라리 그것은 반대로 한때의 도취, 지나가는 경련의 필연한 결과로서, 그것은 불행한 발병과 파탄을 불러내고야 말기 때문입니다. 그래서 이런 경우에 있을 수 있는 행복이란 처음부터 두 사람 사이에 연애의 신성한 씨가 박혀 있어서 그것을 점점 크게 북돋울 수 있을 때 한해서만 생길 수 있는 것입니다.

세상 사람들이 한 여성을 불러 아름답다 할 때, 그 여성의 어느 곳을 보고 아름답다 하는 것일까요? 도대체 미美라는 것은 무엇이며, 또 그것은 어디서 시작되는 것일까요? 이것을 간단하게 대답하기는 진실로 어려운 일이올시다만, 여기 대해서 저는 모든 여성은 아름답고 또 얼마든지 아름다워질 수 있다는 엄청난 주장을 가지고 이 물음에 대답하고 싶습니다.

모든 여성이 아름답기도 하고 또 아름다워질 수도 있다는 것은 물론, 모든 여성 속에는 그들도 알지 못하는 미가 신비로운 힘으로서 또는 숨겨진 소질로서 깨우쳐지기를 바라면서 고요히 잠자고 있는 사실을 저는 알고 있기 때문입니다. 미라는 것이 언제든지 발전될 수 있고, 번영할 수 있고, 완전무결한 것으로서 우리 앞에 나타날 수 있다는 것은, 한 개의 편견에 불과합니다. 그와는 반대로 미는 왔다가는 사라지고, 성했다가는 쇠해지는 미묘지궁微妙之窮한 물건입니다. 그러기에 가장 아름다운 여자도 추악한 순간을 가지는 것입니다. 그래서 미라는 것이 똑바른 선線과 고운 피부에서 온다는 설은 편견입니다.

그와는 반대로 미는 모든 것에 활기를 주는 영혼, 그것에서 피어오르는 것입니다. 쉽게 말하자면 산 표정, 그것이 미의 근원이요, 이 뱃속에서 피어나는 내적 미야말로 사람의 번듯한 외모를 비로소 참된 아름다움으로 만들 수 있게 하는 원동력인 것입니다. 그래서 이 정신미는 고운 얼굴을 진실로 곱게 해줄 뿐만 아니라, 그것은 번듯하지 못한 외모까지 아름답게 다듬어 주고, 변하게 해주고, 비추어 주는 것입니다.

사람은 제가끔 다들 제 얼굴과 제 육신을 타고 났습니다. 그러나 우리는 그것을 타고 날 때 다시 손을 댈 수 없는 최후로 결정된 형체로서 얼굴과 육신을 타고 나온 것은 결코 아닙니다. 우리는 선천적으로 부모에게 타고나온 신체를 단순히 출발점으로 삼고, 그것을 우리의 정신적 노력에 맡김으로 해서 조각적으로 다듬어 올려가고 지어 올려가고 있는 것입니다.

모든 사람은 그들의 육체 속에 정신이라는 것을 가지고 있고, 이 정신이라는 것의 생활이 그들의 육체 속에 계속되고 있는 한에 있어서 정신은 그들의 육체를 간단없이 형성해가는 것이 아니면 아니 됩니다. 그래서 사실상 그 사람의 내부생활, 그 사람의 정신생활 여하는 반드시 직접으로 그의 얼굴과 그의 육신에 나타나는 것입니다.

"속에 있는 것은 밖에 나타난다"는 것은 괴테의 유명한 말입니다. 정신적 취약은 가장 아름다운 얼굴일지라도 미련 없이 찌그러드는 것이요, 정신적 미는 가장 보기 싫은 얼굴까지도 그런 얼굴을 벌써 알아보지도 못할 만큼 고상하게 하고 빛나게 만들어 줍니다.

내적 조화, 선량, 품위, 굳센 의지, 풍부한 사상, 감정, 자비의 마음, 쾌활한 정신, 이 모든 것이 그의 눈에서 빛나고, 그의 얼굴에 떠돌고 그의 행동을 지배할 때, 과연 이때 그의 수학적으로 균제均齊를 잃은 선과 불완전한 혈색과 외모의 결함을 의식할 수 있을까요?

이때 정신은 육체를 지배하고, 아름다운 영혼은 외부적으로는 아름답지 못한 육체 속에서 말하기 시작하며, 그래서 그의 고운 마음은 그의 육체에 아름답지 못한 것을 아름답게 만드는 바, 저 활발한 표정까지 주는 것입니다.

1938년 1월 「조선일보」

체루송 涕淚頌[129], 눈물에 대한 향수

사람이 차라리 이렇게 살기보다는 한 개의 큰 비극이 몸소 되어 버렸으면 하고 생각하리만큼, 그 생활이 평범하다는 것은 참으로 슬픈 일이다.

하루하루 경영하는 생활이 판에 박은 듯 똑같고 단조롭고 무미건조해서 기복이 없는, 동시에 변화가 없고 충격이 없음과 같이 비약이 없는 탓일까. 차차로 모든 인상에 대해 반응하지 않는 자기를 발견할 때, 새삼 철석같이도 무감동하게 된 현재의 상태에 공포를 느끼는 일이 있다. 더러 고요한 밤이면 확실히 이것은 통곡해야 할 일이라 생각하기는 한다. 그러나 그것 역시 생각뿐이오, 물론 고까짓 것에 흘릴 눈물은 벌써 남아 있지 않다. 그렇다고 해서 사십이 가까운 유염有髯남자[130]의 체면을 가지고 내가 할 수 있으나, 웃어야 할 자리에 웃지 않고, 노해야 할 때 노하지 않고 보니, 나도 어느 새 대체 이런 고골枯骨[131]로 화해버렸

---
129 감동하여 흐르는 눈물을 예찬하는 노래
130 수염이 나있는 남자
131 죽은 뒤에 살이 썩어 없어지고 남은 뼈

백설부

다는 건지, 너무나 허무적인 내 정신 상태가 하도 딱해서, 일찍이는 잘도 솟아나는 눈물의 샘이 이제는 어디로 갔나 하고 하나의 철없는 향수를 잠시 품어도 보는 것에 불과하다.

눈물은 아동과 부녀자의 전속물이오, 남아대장부의 호상好尙[132]할 바 아니라 하고 독자 제씨는 말하리라. 물론 나는 이 세간의 지혜를 승인한다. 사실에 있어 어른의 눈물을 보기란 극히 어렵다. 그러나 내가 여기서 눈물을 말함은 오로지 육체적 산물로서의 체루涕淚뿐만이 아니요, 감동의 좋은 표현으로서의 정신적 체루까지를 포함함은 두말할 것이 없다.

제군인들 어찌 마음껏 울고자 하되 울지 못하는 엄숙한 순간이 없었겠으랴. 우는 것이 원래 풍습이 아니요, 넓은 가슴에서 솟아나는 눈물이기에 그 광경은 심히 장엄하기도 한 것이다.

세상에서 걸핏하면 말하기는 안가安價[133]의 감상, 안가한 눈물 하지만, 세상에 눈물이 흔하다 함은 웬 말이뇨. 성인이 된지 오래인 우리에게 눈물은 극히 드물게 밖에는 솟아나지 않거늘, 실로 눈물은 드물게 밖에는 솟아나오지 않는다. 그러므로 독자여! 제군의 두 눈에 만일 이 드물게 밖에는 아니 나타나는 주옥이 고이거든 그대로 놓아두라. 눈에 눈물을 가지지 않는 것이

---

132 좋아서 바랄만한
133 싼값

철혈남아鐵血男兒의 본의일지는 모르되, 그러나 그 반면에 그가 눈물을 가지지 못하는 점에 있어서는 그는 인간 이하 됨을 면하기 어렵다 할 수 있을 것이니, 우리가 여기서 세상에서 소위 '사나이답다'는 개념을 잠깐 분석해본다 해도, 그것은 결국 그로부터 대부분 인간미가 없어졌다는 사실을 가지고 가장 잘 저간這間의 소식을 설명할 수 있지 않을까 생각한다.

왜 그러냐 하면, 무릇 우리들 사람된 자에 있어서는 어떤 힘센 정신적 고통이 있을 때 눈물은 반드시 괴롭고, 아픈 마음의 꽃으로써 수줍게 우리들의 눈 속에 피어오르는 것이 당연한 생리적 사실이기 때문이다. 그렇다, 눈물은 괴롭고 아픈 마음의 귀여운 꽃이다. 사람은 왜 대체 이 귀여운 꽃을 무육撫育[134]할 줄을 모르는고. 눈물이 없다는 것은 그에게 마음이 없다는 것을 의미한다. 물론 두말할 것 없이 모든 사람은 육체적으로는 심장을 지니고 있다. 그러나 문제는 사람이 정신적으로 심장을 소유하고 있는가, 또는 있지 않은가에 있다. 육체적으로 고통을 느낄 때 사람이 눈물을 흘리는 것은 사람이면 누구나 다 하는 일이지만 눈물을 눈에 보낼 수 있도록 누구에게나 다 정신적 심장이 있느냐 하면 그것은 결코 그렇지는 않다.

---

[134] 어루만지듯이 잘 돌보아 기름

요사이 항간에 돌아다니는 유행어의 하나에 '심장이 강하다'는 말이 있다. 현대인의 이상理想이 강한 심장에 놓이게 되기까지에는 깊은 이유가 물론 있겠거니와, 소위 의지가 굳센 남아에게는 심장이 무용이요, 그것은 모든 약점의 원천이 된다는 견해는 확실히 우리들 문명인이 가진 편견의 하나이다.

왜 대체 감동하기 쉬운 심장이 우리의 앞길을 막는 장애물이 되며, 왜 대체 눈물이 우리에게 있어서 치욕이 된다는 것이냐 생각하여 보라. 심장이 보이지 않는 이 생활, 사랑이 없는 이 인생 ―사랑할 줄 모르는 자는 받을 줄을 모르고, 희생할 줄 모르는 자는 충실할 수 없는 것이니 이러한 무리와 더불어 우리는 무엇을 할 수 있으랴, 과연 이 세상에 사랑과 충실이 없어도 수행될 수 있는 위대한 업적이 있을 수 있을까.

이제 만일 이 세상의 모든 심장이 경화硬化된 끝에 드디어 말라져 버린다면, 그때 여기 남은 것은 무어냐. 변하기 쉬운 기분 악성수연惡性愁戀[135]의 공허한 속사俗事를 생각만 해도 무서운 일이다. 그러나 사람이 하나의 좋은 마음을 가질 때 그 마음은 항상 번민하고, 그 마음의 번민이 많으면 많을수록 마음이 쓰여 인식하는 바는 더욱 치밀하며, 더욱 심각하며, 더욱 해방적이며, 더욱 감상적으로 된다.

---

[135] 아주 좋지 않은 시름이나 걱정에 잠김

이래서 이와 같은 심장이 무의식적으로 세계의 고민에 참여함으로 의해서 모든 종류의 불의와 죄악을 정신의 눈으로 볼 때, 보이지 않는 눈물은 결코 그로부터 사라질 리가 없다. 그가 흘리는 눈물은 실로 그 한 방울 한 방울이 세계고世界苦에 대한 변론 이외의 아무 것도 아니다.

일찍이 위대한 인물로써 이 눈물을 알지 못한 사람은 단 한 사람도 없었던 것이니, 육체적 체루는 어느 경우에 사람의 시력을 혼탁케 할 수 있을지 몰라도, 보이지 않는 마음의 눈물은 사람에게 정신적 관조의 길을 열어주는 것이다. 사세事勢가 설령 이래도 눈 속에 고인 눈물이 사람에 있어서 치욕이 된다고 할 수 있을까.

여기서 나는 조용한 시간에 그들이 고요히 우는 자유를 모든 사람으로부터 빼앗지 말기를 바라고자 한다. 왜 그러냐 하면 사람이 모든 것을 마음속에 파묻고 울적한 마음을 눈물로써 풀어냄 없이 어디든지 그대로 끌고 다닐 때, 그것은 실로 그가 차츰차츰 커져가는 묘墓를 스스로 만들어가고 있는 행동에 문외한 것이기 때문이다.

눈물을 가지고 있는 사람은 실로 행복하다. 눈물은 감동된 마음의 아름다운 산물이기 때문이다. 눈물이 없다는 것은 마음이 없다는 것을 의미한다. 마음이 없을 때 그의 생활은 과연 뭐냐. 그러므로 사람들이여! 드물게 밖에는 솟아나지 않는 눈물이 그대의 두 눈을 장식하려 할 때는 마음껏 울어버리라. 모든 종류의 호읍자號泣者[136]는 세계고世界苦와 인생고人生苦에 무진장 우는 것이다.

모든 눈물은 우리들이 보통 생각하고 있기보다는 훨씬 신성하다는 사실을 우리는 오늘날 더 좀 명확히 인식할 필요가 있지 않을까. 이제 실로 눈물에 대한 향수는 모든 사람의 마음으로부터 스스로 우러나지 않으면 안 될 것이다.

1938년 4월 「삼천리 문학」

---

136 목 놓아 큰 소리로 우는 사람

화제의 빈곤

"요새 재미 좋소?" 하고 묻는 것은 우리가 아는 사람을 만났을 때 항상 쓰이는 인사말이다. 그런데 이 인사말에 대해서 "재미라니, 무슨 별 재미있겠소. 그저 그렇지요" 하고 대답하는 것은 불행이나 혼자만이 쓰고 있는 말은 아닐 것이다.

"재미 좋소?" 하고 묻는 사람도 무슨 별다른 변화가 그 사람의 생활 내부에 있을 것을 예상한 끝에 묻는 게 아니오, "그저 그렇지요" 하고 대답하는 사람도 역시 재미가 없으니까 재미가 없다 정직히 고백함에 불과하지 예의를 표시코자 하는 겸손스러운 마음에서 재미있는 것을 잠시 숨겨 재미없다는 것은 아니다. 적어도 이것은 나 일개인의 경험에 의하면 참으로 엄숙할 만큼 현실적인 생활이 적나라한 토로에 속한다.

우리가 이것을 지나가는 첫 인사의 무반성한 한 예로서 범연히 취급하여 버리면 문제는 이에 그치는 것이겠으나, 그러나 만일에 우리가 흔히 교환하는 이 짧은 최초의 대화 속에 우리 민족이 가지고 있는 생활철학의 좋은 표현을 구태여 찾아본다면 어떠할까.

나는 어찌된 까닭인지 알 수 없으나, 이 평범한 대화 속에는 개인적 생활에 대한 진실한 흥미보다도 불우한 동일 환경에 대한 애달픈 민족적 공감이 고요히 흐르고 있는 것이 더욱 힘차게 느껴져 견딜 수 없는 까닭이다.

사람이란 어느 정도까지 마음에 없고 생활에 없는 모든 아름다운 말을 할 수 있는가를 나는 알 수 없는 자이지만, 사람이 무엇인가를 가장 잘 그리고 가장 많이 말할 수 있다면, 그것은 확실히 자기와 자기 생활에 대한 보고를 중심으로 삼는 것이 아니면 안 될 것이라고 나는 생각한다. 이리하여 우리가 생활의 여가를 아는 사람들과 자리를 같이 한 결과, 전술한 인사말로서 타개되는 우리의 회화會話가 어떻게 진행하며, 그 회화의 내용이 과연 무엇인가를 한번 생각하여 본다면 어떠할까.

사람이 혼자 앉기는 견디기 어려우므로 해서 우리는 마음 맞는 벗을 구한다. 그와 같이 앉아 우리의 생활에 대하여 의견을 서로 교환코자 할 뿐만 아니라 미학적 요설饒舌에 대한 인간의 요구는 상당히 힘센 것이기 때문이다. 그러나 우리가 어느 날 친구를 만난다든지, 또는 사교장에 참여한다든지 하고 보면, 우리의 생활에 무내용과 여기서 유래하는 정신의 무기력은 많은 경우에 있어서 우리의 표현적 의지에 동력을 주지 못하는 결과로부터 우리들 사이에 너무도 많이 우둔하고 무생명하고 영탄적永

嘆的인 시간이 계속된다.

　나는 여기서 모든 종류의 설교는 만복滿腹의 결과에서 오는 것이란 말을 생각지 않을 수 없는 것이지만, 사실에 있어서 무위와 빈곤의 가항街巷[137]은 사교와 회화술의 발달에 가장 부적당한 토양이다. 여러 말할 것 없이 우리가 현재 가지고 있고 또 그것이나마 가지지 않았다면 아니 될 일상의 화제에 대하여 직접으로 반성하는 여유를 갖는다면, 우리는 이와 같이도 화제라 할 만한 공통된 화제를 얻지 못하고 무엇에 대하여서도 일찍이 충분하게 말함이 없었던 사실에 새삼스런 놀라움을 금치 못할 것이다.

　나는 화제가 우리들 사이에 전연全然히 없다는 것이 아니다. 나는 실로 그것으로써 유래하는 바 우리들의 생활 곡선이 너무나 단일하다는 점을 여기서 잠깐 지적할 수 있으면 그만이다. 나는 모든 조선 사람이 조선이라는 특수한 생활환경 속에 계박繫縛[138]되어 하등何等의 변화상을 보이지 못하고 있는 한 개의 가장 큰 생활을 도외시하고, 우리의 흥미와 사상이 집중되는 바 일상의 화제를 단순히 규정할 수는 도저히 없는 까닭이다. 조선은 이제 하나의 큰 난관에 직면하고 있는 듯 보인다. 그리하여 무엇보다도 이 위급 속에서는 자기 자신의 육체를 건지는 것이

137　길거리
138　얽어매어

긴급한 일인 듯 보인다. 이러한 가운데서 우리는 과연 무엇에 대해서 장용長冗[139]히 말을 해야 될 것이랴.

 직업은 어떤 종류의 것이든 간에 우리에게 양식을 제공하는 까닭으로서 귀중한 것이지만, 다행이 우리가 이것을 붙잡을 수 있으면 우리는 영원히 그의 경멸할 노예다. 그러나 우리가 불행히 이것을 붙잡지 못하면 그것을 붙잡을 때까지 굶을 수밖에 없다. 확실히 그러한 사람의 일임에 틀림없지만 문학을 전공한 친구들이 문학으로서는 먹고 살 수 없는 까닭으로 전문專門에 어겨진 취직을 하고, 취직하는 그날부터 그만둔다 하는 사람들이 그 후 십 년이 가까운 오늘날에도 어떠한 영달이 없고 승진이 없는 그 자리에서 쾌쾌불락快快不樂[140]하는 것을 나는 잘 알고 있다. 그리하여 우리가 간혹 만나는 좋은 기회에 서로 하는 말은 무엇이냐 하면, 사람이 먹고 산다는 것은 얼마나 어려운 일이냐 하는 오직 한 가지의 화제에 그친다.

1938년 7월

---

139 글이나 말 따위가 쓸데없이 긴
140 편치 않은

없는 고향 생각

이 지상에서 가장 장엄한 것이었다면 그것은 고향故鄕일 것이요, 사람 마음속에서 소멸되지 않는 것이었다면 그것 또한 고향일 것이다. 그러므로 우리가 고향을 생각하고 고향을 사랑하는 것같이 가장 신성하고 가장 무사한 것은 아마도 이 세상에는 없을 것이니, 왜냐하면 고향은 원래 인간적 이기주의를 떠난 존재요, 그것은 시간을 초월하여 언제까지든 우리의 영원한 소년시대 내지는 청춘시대를 속 깊이 보호해주는 존재이기 때문이다.

우리네 부모와 우리네 애인의 머리는 드디어 백발이 되고 마는 때가 있어도, 고향 산천의 얼굴은 옛 모양 그대로 청청靑靑한 것이니, 우리들에게 있어 검은 수풀의 속삭임은 영원히 없어질 수 없는 음악이 되는 것이다. 전야田野에 빛나는 황금색의 물결, 흐르는 시내의 고요한 모래, 땅에서 솟아나는 샘의 맑은 빛, 우리를 두 팔로 안아주는 힘차게 뻗친 산줄기—이 모든 것은 실로 놀랄만한 단조로움을 가지고 우리의 기억 속에 항상 새롭게 빛남으로써 그것은 우리가 어느 곳에 있게 되던 간에 기회 있을 적마다, 혹은 초승달, 혹은 봄 잔디에 번져 우리의 마음은 흔히도 고향산천으로 멀리 달음질치는 것이지만, 나는 불행히도 고향에 대해서는 극히 산만한 인상 밖에 가질 수 없기 때문에 고향에 두고 온 이야기 역시 기억할 바가 없다. 아니 기억할 바가 없느니보다 아주 그런 이야기는 없을지도 알 수 없다.

아버지가 벼슬인가 한다고 이곳저곳을 전전하였기 때문에 나는 내 고향인 경상도 안동을 다 큰 뒤에 겨우 몇 번 여름휴가를 이용해서 가보았을 뿐이므로, 그곳을 나는 고향으로 체험할 수 없었다.

나는 목포 태생으로 일곱 살까지 그곳에 있다가 아버지가 전근되는 바람에 제주도 섬 백성이 되어 보통학교를 겨우 졸업하던 해에 나주羅州로 온 후 얼마 되지 않아서 서울로 공부를 가게 되어 또 도쿄에 몇 해 있다가 다시 서울에 있게 되었으니, 나는 어느 곳을 내 고향으로 삼아야 할지, 어느 곳에 대해서도 고향다운 신뢰를 느낄 수가 없다. 일찍이 앞날에 한 고장의 자연 속에 깊이 친근할 수 없었다는 것은 나로서는 큰 불행이었으니, 아버지의 관직에 따라 전전하는 동안에 나는 고향을 완전히 잃어버리고만 것이다.

어머니 말씀으로서 종종 생각하는 것은 내가 어려서 목포

살 적에 우리들 형제를 극진히 사랑해주던 이웃집의 나이 젊은 부인의 일이다. 형과 나 둘이는 이 고운 부인의 무릎 위에서 거의 살다시피 하면서 자녀 없는 젊은 어머니의 사랑과 환대를 받을 대로 다 받았던 것이니, 이 부인이 우리에게 준 인상은 컸다. 이 부인이 준 인상은 아직까지도 우리의 생활 속에 남아 있다 할 수 있으니, 오늘까지 충실히 계속되고 있는 끽연喫煙은 이 아름다운 부인이 장난삼아 우리에게 심어준 습관으로 나는 일곱 살, 형은 아홉 살 때 우리는 부인에 응대하는 애연가였던 것이다.

제주 4년 동안의 나의 소년생활은 이 특이한 환경 속에서 퍽이나 목가적이었을 줄 생각하나 그다지 굳센 인상을 얻지 못한 것이 이상하다.

여기서 나는 나의 사랑하는 누이동생을 잃은 것, 달밤에 계집애들과 강강수월래를 했던 일, 바닷가에서 전복을 잡고 놀던 일, 풍부하게 열린 귤을 따먹던 일, 제주도를 떠날 때 많은 사람들과 작별하고 가마를 타던 일, 그때는 비사치던 것[141]이 대유행이어서 매일 밥만 먹으면 알뜰히도 비사를 치던 일이 생각난다. 아차 잊었군. 대체 우리들이 그때 붙들고 놀려먹던 우편소장郵便所長의 따님 '하루짱'은 시방 어떻게 되었을까?

---

141 돌을 가지고 노는 장난

그 후 나는 몇 번인가, 나의 제2 고향을 찾으려 하면서도 아직 들르지 못하고 있다.

1938년 12월 「여성」

백설부 白雪賦[142]

말하기조차 어리석은 일이나, 도회인으로써 비를 싫어하는 사람은 많을지 몰라도 눈을 싫어하는 사람은 아마 거의 없을 것이다. 눈을 즐겨하는 것은 비단 개와 어린이들뿐만이 아닐 것이오, 겨울에 눈이 내리며 온 세상이 일제히 고요한 환호성을 소리 높이 지르는 듯한 느낌이 난다.

눈 오는 날에 나는 일찍이 무기력하고 우울한 통행인을 거리에서 보지 못하였으니, 부드러운 설편雪片이 생활에 지친 우리의 굳은 얼굴을 어루만지고 간질일 때, 우리는 어찌된 연유인지, 부지중에 온화하게 된 마음과 인간다운 색채를 띤 눈을 가지고 이웃 사람들에게 경쾌한 목례를 보내지 않을 수 없게 되는 것이다.

나는 겨울을 사랑한다. 겨울의 모진 바람 속에 태고의 음향을 찾아 듣기를 나는 좋아하는 자이기 때문이다. 그러나 무어라 해도 겨울이 겨울다운 서정시는 백설, 이것이 정숙히 읊조리는 것이니, 겨울이 익어 가면 최초의 강설降雪에 의해서 멀고 먼

---
142 하얀 눈을 예찬하는 노래

동경의 나라는 비로소 도회에까지 고요히 고요히 들어오는 것인데, 눈이 와서 도회가 잠시 문명의 구각舊殼을 탈하고 현란한 백의를 갈아입을 때, 눈과 같이 온 이 넓고 힘세고 성스러운 나라 때문에 도회는 문득 얼마나 조용해지고 자그마해지고 정숙해지는지 알 수 없는 것이지만, 이때 집이란 집은 모두가 먼 꿈속에 포근히 안기고 사람들 역시 희귀한 자연의 아들이 되어 모든 것은 일시에 원시시대의 풍속으로 탈환한 상태를 정한다.

온 천하가 얼어붙어서 찬 돌과 같이도 딱딱한 겨울날의 한가운데, 대체 어디서부터 이 한없이 부드럽고 깨끗한 영혼은 아무 소리도 없이 한들한들 춤추며 내려오는 것인지, 비가 겨울이 되면 얼어서 눈으로 화한다는 것은 참으로 고마운 일이다.

만일에 이 삭연索然한[143] 삼동이 불행히도 백설을 가질 수 없다면, 우리의 적은 위안은 더욱이나 그 양을 줄이고야 말 것이니, 가령 우리가 아침에 자고 일어나서 추위를 참고 열고 싶지 않은 창을 가만히 밀고 밖을 한 번 내다보면, 이것이 무어랴, 백설애애白雪皚皚[144]한 세계가 눈앞에 전개되어 있을 때, 그때 우리가 마음에 느끼는 것은 과연 무엇일까?

말할 수 없는 환희 속에 우리가 느끼는 감상은 물론, 우리가

---

143 외롭고 쓸쓸한
144 눈이 내려 희디 흰

간밤에 고운 눈이 이같이 내려서 쌓이는 것도 모르고 이 아름다운 밤을 헛되이 자버렸다는 것에 대한 후회의 정이요, 그래서 가령 우리는 어젯밤에 잘 적엔 인생의 무의미에 대해서 최후의 단안을 내린 바 있었다 하더라도, 적설을 조망하는 이 순간에만은 생의 고요한 유열愉悅과 가슴의 가벼운 경악을 아울러 맛볼지니, 소리 없이 온 눈이 소리 없이 가버리지 않고 마치 그것은 하늘이 내리어주신 선물인거와 같이 순결하고 반가운 모양으로 우리의 마음을 즐겁게 하고, 또 순화시켜주기 위해서 아직도 얼마 사이까지는 남아 있어 준다는 것은, 흡사 우리의 애인이 우리를 가만히 몰래 습격함으로 의해서, 우리는 경탄과 우리의 열락을 더 한층 고조하려는 그것과도 같다고나 할는지!

우리의 온 밤을 행복스럽게 만들어 주기는 하나, 아침이면 흔적도 없이 사라지는 감미甘味한 꿈과 같이 그렇게 민속敏速하다고는 할 수 없어도 한 번 내린 눈은, 그러나 그다지 오랫동안은 남아있어 주지는 않는다. 이 지상의 모든 아름다운 것은 슬픈 일이 얼마나 단명하며, 또 얼마나 없어지기 쉬운가! 그것은 말하자면 기적같이 와서는 행복같이 달아나 버리는 것이다.

변연便娟[145] 백설이 경쾌한 윤무輪舞를 가지고 공중에서 편편히 지상에 내려올 때, 이 순치馴致할 수 없는 고공 무용이 원거리

---

[145] 민첩하고 아름다운

에 뻗친 과감한 분란紛亂은 이를 보는 사람으로 하여금 거의 처연한 심사를 가지게까지 하는데, 대체 이들 흰 생명들은 이렇게 수많이 모여선 어디로 가려는 것인고? 이는 자유의 도취 속에 부유浮游함을 말함인가? 혹은 그는 우리의 참여하기 어려운 열락悅樂에 탐닉하고 있음을 말함인가? 백설이여! 잠시 묻노니 너는 지상의 누가 유혹했기에 이곳에 내려오는 것이며, 그리고 또 너는 공중에서 무질서의 쾌락을 배운 뒤에 이곳에 와서 무엇을 시작하려는 것이냐?

천국의 아들이요, 경쾌한 족속이요, 바람의 희생자인 백설이여! 과연 뉘라서 너희의 무정부주의를 통제할 수 있으랴! 너희들은 우리들 사람까지를 너희의 혼란 속에 휩쓸어 넣을 작정인줄 알 수 없으되, 그리고 또 사실상 그 속에 혹은 기꺼이, 혹은 할 수 없이 휩쓸려 들어가는 자도 많이 있으리라마는, 그러나 사람이 과연 그런 혼탁한 와중에서 능히 견딜 수 있으리라고 너희는 생각하느냐?

백설의 이 같은 난무는 물론 언제까지나 계속되는 것은 아니다. 일단 강설의 상태가 정지되면, 눈은 지상에 쌓여 실로 놀랄 만한 통일체를 현출시키는 것이니 이와 같은 완전한 질서, 이와 같은 화려한 장식을 우리는 백설이 아니면 어디서 또 다시 발견할 수 있을까?

그래서 그 주위에는 또한 하나의 신성한 정밀이 진좌鎭坐하여, 그것은 우리에게 우리의 마음을 엿듣도록 명령하는 것이니, 이 때 모든 사람은 긴장한 마음을 가지고 백성의 계시에 깊이 귀를 기울이지 않을 수 없는 것이다.

보라! 우리가 절망 속에서 기다리고 동경하던 계시는 참으로 여기 우리 앞에 와서 있지 않는가? 어제까지도 침울한 암흑 속에 잠겨 있던 모든 것이, 이제는 백설의 은총에 의하여 문득 빛나고 번쩍이고 약동하고 웃음치기를 시작하고 있기 때문이다.

말라붙은 풀포기, 앙상한 나뭇가지들조차 풍만한 백화百花를 달고 있음은 물론이요, 괴벗은 전야田野는 성자의 영지가 되고, 공허한 정원은 아름다운 선물로 가득하다. 모든 것은 성화聖化되어 새롭고 정결하게 젊고 정숙한 가운데 소생되는데 그 질서, 그 정밀은 우리에게 안식을 주며 영원의 해조諧調[146]에 대하여 말한다. 이때 우리의 회의懷疑는 사라지고, 우리의 두 눈은 빛나며, 우리의 가슴은 말할 수 없는 무엇을 느끼면서, 위에서 온 축복을 향해서 오직 감사와 찬탄을 노래할 뿐이다.

눈은 이 지상에 있는 모든 것을 덮어줌으로 의해서 하나같이 희게 하고 아름답게 하는 것이지만, 특히 그 중에도 눈에 덮인 공원, 눈에 안긴 성사城舍, 눈 밑에 누운 무너진 고적古蹟, 눈 속

---

[146] 잘 조화됨

에 높이 선 동상 등을 봄은 일단으로 더 흥취의 깊은 곳이 있으니, 그것은 모두가 우울한 옛 시를 읽은 것과도 같이, 그 눈이 내리는 배후에는 알 수 없는 신비가 숨 쉬고 있는 듯한 느낌을 준다. 공원에는 아마도 늙을 줄을 모르는 흰 사슴들이 떼를 지어 뛰어다닐지도 모르는 것이고, 저 성사 안 심원深園에는 이상한 향기를 가진 알라바스타[147]의 꽃이 한 송이 눈 속에 외로이 피어 있는 지도 알 수 없는 것이며, 저 동상은 아마도 이 모든 비밀을 저 혼자 알게 되는 것을 안타까이 생각하고 있을지도 모르기 때문이다.

그러나 무어라 해도 참된 눈은 도회에 속할 물건이 아니다. 그것은 산중 깊이 천인만장千仞萬丈[148]의 계곡에서 맹수를 잡는 자의 체험할 물건이 아니면 안 된다. 생각하여 보라! 이 세상에 있는 눈으로서는 여러 가지가 있을 것이니, 가령 열대의 뜨거운 태양에 쪼임을 받는 저 킬리만자로의 눈, 멀고 먼 옛날부터 아직껏 녹지 않고 안타르크리스[149]에 잔존해 있다는 눈, 우랄과 알래스카의 고원에 보이는 적설, 또는 오자마자 순식간에 없어져 버린다는 상부 이탈리아의 눈 등…. 이러한 여러 가지 종류의 눈을 보지 않고는 도저히 눈에 대해서 말할 수 없다고 아니할 수 없다.

---

147 alabaster. 설화 석고. 흰 알맹이의 치밀한 덩어리로 되어있는 석고
148 매우 높고 깊음
149 남극

그러나 불행히 우리의 눈에 대한 체험은 그저 단순히 눈 오는 밤에 서울 거리를 술집이나 몇 집 들어가며 배회하는 정도에 국한되는 것이니, 생각하면 사실 나의 백설부白雪賦란 것도 근거 없고 싱겁기가 짝이 없다 할밖에 없다.

1939년 「조광」

문장의 도道

회태懷胎가 있는 곳이라야 비로소 모든 종류의 창조가 결과할 수 있는 것은 정한 이치로, 문장文章의 제작에 있어서도 좋은 의미의 생산적 기분이 정신활동의 과잉 속에서 보다 잘 발효될 수 있는 것 역시 두말할 것이 없다. 이것은 물론 적어도 문필에 경험이 있는 이라면 다들 알고 있는 진부한 진리에 불과하거니와, 사실 아무 것도 없는 뇌수腦髓에서 제법 그럴 듯한 지혜를 낚아 내려는 노력같이도 괴로운 투쟁은 세상에 다시없을 것이다.

여기서 말이 잠시 사담私談으로 들어가게 되어 미상불 당돌하고 미안하지만, 나야말로 글이라고 쓸 적마다 이러한 괴로운 투쟁을 피할 수 없는 가장 대표적인 예라고 확신하기 때문에, 가령 내 자신의 경우를 예로 든다면 나는 요새도 관례에 의하여 간간이 전화 혹은 서신으로 원고 주문을 받는 일이 있는데, 주문을 받게 되면 이 순간같이도 나에게 자기의 무능을—더 좀 감각적인 표현이 필요하다면 자기의 머릿속에 황량한 미간지未

墾地가, 질펀한 사막이 누워 있는 것을 직감적으로 느끼게 하는 순간도 드물다.

간단히 말하자면 원래가 예비지식이 부족하기 때문에 편집자가 요구하는 제목에 대해서 이것이 해답이요 하고 기록할 아무 것도 갖지 못하는 경우가 많다는 것이다. 이래서 자연 나는 원고의 주문을 받는 순간부터 정신적으로 적지 않은 공황과 불안과 회의를 느끼기 시작하는데, 원고 주문에 부수되는 일체의 행동을 개시하지 않으려고 노력한다.

괴로운 일을 후일로, 될수록 후일로 미루려는 이 도피, 이 망각에 대한 노력은 다년간의 습관으로 곧잘 성공을 주奏[150]하여 이제는 혹시 가다가다 한가한 시간이 생길 때 원고를 쓰자 해도 그것이 기일 내이고 보면 마음대로 되지 않음은 물론이니, 내게 있어서 절대적 세력을 가지고 있는 것은 원고 마감날이다.

며칠 안 되는 원고 마감날이 어느 사이에 당도하고 보면 여기서 나는 기일이 다된 원고 주문서가 나의 애달픈 활동을 기다리고 있는 엄숙한 사실을 문득 회상하고 원고 주문서를 받던 순간보다는 더욱 구체적으로 공황과 불안과 회의를 맛보면서 세상에도 드문 전투를 향해서 용진勇進하지 않으면 안 되는 것인데, 이 밤 안으로 기어코 원고를 써야만 책임상 자기의 신용을 유지

---
[150] 이루어

해 나아갈 수 있는 중요한 밤을, 그러나 나는 흔히 초저녁부터 자버리는 것이 일쑤이니 나는 아무리 해도 원고를 쓰기 시작해야만 될 때에는 원칙적으로 이불을 뒤집어써야 되고, 이불을 뒤집어쓰면 글 생각은 일의 괴로움 때문에 잠자는 것의 안이安易에 빠지기가 쉽기 때문이다.

그러나 이 잠은 안이한 잠이 아니요, 괴로운 밤을 이루게 하는 압박적인 잠인 것은 물론 두말할 것이 없으니, 내가 이러한 밤에 글을 생각하기 위해서 흰 원고지와 필연筆硯을 베개 옆에 놓고 이불을 뒤집어쓴 채 눈을 감고 누웠을 때, 그나마 이 소위 진통의 괴로움 속에서 되나 안 되나 '문장의 단서'라도 얻는다면 또 몰라도, 더욱이 갈수록 내적 관조의 길은 암흑 속에 차단되고 구상構想의 기름은 그 운행을 의연히 돕지 못하면, 나는 몇 번인가 자기가 힘에 넘치는 철없는 짓을 하고 있다는 것을 새삼스레 뉘우치고, 이처럼 괴롭게 값싼 글을 읽어 득전고주得錢苦酒[151]하기보다 자유로운 하룻밤을 가짐이 얼마나 더 사상적이요, 문장적인가 하는 사실을 통감하는 일면에, 사람에 의해서는 그 해박한 지식과 풍부한 감정 때문에 글 쓰는 것 그 자체가 큰 즐거움이 되리라는 것을 부럽게 생각만 할 뿐이요, 이 최후의 밤에 얻는 수확은 항상 심히 적다.

---

151 돈을 얻어 쓴 술을 사 마심

내가 편집자의 결정한 최후의 시간에 약간의 흥분을 느끼면서 항상 이불을 뒤집어쓰는 이유는 잘 되었건 못 되었건 여하간 내가 쓰려는 문장의 최초의 일구—句를 얻으려는데 있는 것인데, 이 일구는 그러나 대개 진통의 밤에서는 솟아나지 않는 것이 보통이오, 이 첫 구절은 흔히 다음날 예기하지 않던 순간에 꿈같이 나타나오니 기이하다면 기이한 일이라 할까? 이래서 나는 여기서 아주 고백해버리고자 하거니와, 내 원고는 의례히 마감날을 지낸지 이삼일 후라야 된다.

문장의 첫 구절이라면, 글을 쓰는 이는 누구든지 경험하는 일이겠지만 글에 있어서 최초의 일구같이 중요한 것은 없을 것이다. 최초의 일구, 이것을 얻기 위해서 말하자면 모든 문장가의 노심초사는 자고로 퍽이나 큰 듯 보이고, 그만큼 이 일구는 문장의 가치에 대해서도 결정적인 세력을 가지고 있다.

이곳에서 문장을 쓰게 만드는 흰 원고지의 유혹은 확실히 무시할 수 없지만, 어디서 돌연히 때늦게 솟아 나왔는지 모르는 이 최초의 일장—章같이 문장인에게 창조의 정력을 일시에 제공함으로 의해서 팔면치구八面馳驅[152]를 하게 하는 요소도 없을 것이니, 백 사람의 문장가를 붙들고 물어본다면 그 중에 여든 사람은 가로되 이 최초의 일장이 얼마나 고난에 찬 최대·최시最

---

152 말을 타고 달림

始의 문장적 위기를 의미하는 동시에 그의 모든 준비를 발전시키는 가장 중요한 지도자임을 말하리라.

훌륭하게 만들어진 물건이 중간에서 혹은 말단에서 잘 되기 시작할 리야 없겠고, 좋은 결과, 좋은 발전을 위해서 시작이 지난至難하다는 것은 또한 당연한 일이니, 문장이 매양 좋게 시작만 되면 그 다음은 거저먹기라 할까. 요컨대 다음 문제는 논리적으로 그 방향만, 그것이 가야 될 길만 잃어버리지 않도록 하는데 있기 때문이다. 여기서 우리는 문장의 도道는 근본적으로 발단의 예술임을 주장할 수 있으니, 모든 문장이 첫 대목을 가지고 자기의 내용과 형식을 암시할 뿐만 아니라, 자신의 본질적 가치까지 결정해줌에 따라 독자에게도 그것이 자연 결정적인 작용을 주게 되는 것은 우리들이 일상 경험하는 일이다.

재미가 있건 없건 간에 우리로 하여금 문장 전편全篇을 읽게 하는 힘도 첫 대목의 됨세 여하에 있음은 물론이려니와, 첫 대목이 언짢기 때문에 읽다가 치우게 되는 소설도 이 세상에는 얼마나 많은가. 말하자면 문장 최초의 일절은 필자 자신을 소개하는 명함이라고도 할 수 있는 것이니, 이를 통해서 우리가 그 문장 전편, 그 작품 전체의 구조와 분위기를 엿보기는 대단히 쉬운 일이다.

1939년 2월

매화찬 梅花讚

나는 매화를 볼 때마다 항상 말할 수 없이 놀라운 감정에 붙들리고야 마는 것을 어찌할 수가 없으니, 왜냐하면 첫째로 그것은 추위를 타지 않고 구태여 한풍寒風을 택해서 피기 때문이오, 둘째로 그것은 그럼으로써 초지상적인, 비현세적인 인상을 내 마음 속에 던져주기 때문이다.

가령 우리가 혹은 눈雪 가운데 완전히 동화된 매화를 보고, 혹은 찬 달 아래 처연히 조응照應된 매화를 보게 될 때, 우리는 과연 매화가 사군자[153]의 필두로 꼽히는 이유를 잘 알 수 있겠지만, 적설과 한월寒月을 대비적 배경으로 삼은 다음이라야만 고요히 피는 이 꽃의 한없이 장엄하고 숭고한 기세에는 친화한 동감同感이라기보다는 일종의 굴복감을 우리는 품지 않을 수 없는 것이니, 매화는 확실히 춘풍이 태탕駘蕩[154]한 계절에 난만히 피는 농염한 백화百花와는 달라 현세적인 향락적인 꽃이 아님은 물

---

153 매梅·란蘭·국菊·죽竹
154 넓고 큰

론이요, 이 꽃이야말로 이 세상에서 우리가 찾을 수 있는 가장 초고超高하고 견개狷介[155]한 꽃이 아니면 아니 될 것이다.

모든 것이 얼어붙어서 찬 돌 같은 딱딱한 엄동, 모든 풀, 온갖 나무가 모조리 눈을 굳게 감고 추위에 몸을 떨고 있을 즈음, 어떠한 자도 꽃을 찾을 리 없고 생동을 요구할 바 없을 이때에 이 살을 저미는 듯한 한기를 한기로 여기지도 않고 쉽사리 피는 매화, 이는 실로 한때로 앞서서 모든 신산辛酸을 신산으로 여기지 않는 선구자의 영혼에서 피어오르는 꽃이랄까.

그 꽃이 청초하고 가향佳香에 넘칠 뿐만 아니라 기품과 아취雅趣가 비할 곳 없는 것도 선구자적 성격에 상통되거니와, 그 인내와 그 패기와 그 신산에서 결과 된 매실은 선구자로서의 고충을 흠뻑 상징함이겠고, 말할 수 없이 신산한 맛을 극極하고 있는 것마저 선구자다워 재미있다.

매화가 조춘만화早春萬花의 괴魁[156]로서 엄한을 두려워하지 않고 발화하는 것은 그 수종樹種이 그 가지를 풍부하게 뻗치고 번무繁茂하는 상태를 보더라도, 이 나무가 다른 과수에 비해서 얼마나 왕성한 식물인가 하는 것을 알 수 있거니와, 그러므로 또한 매실이 그 독특한 산미酸味와 특종의 성분을 가지고 고래로

---

155 굳게 절개를 지키고 구차하게 타협하지 아니한
156 으뜸

귀중한 의약의 자資가 되어 효험이 현저한 것도 마땅한 일이라 할밖에 없다.

　여하 간에 나는 매화만큼 동양적인 인상을 주는 꽃을 달리 알지 못한다. 특히 영춘迎春 관상용으로 재배되는 분매盆梅에는 담담한 가운데 창연한 고전미가 보이는 것이 말할 수 없이 청고淸高해서 좋다.

1939년 3월 「여성」

대춘보 待春譜[157]

겨울에 봄을 기다리는 안타까운 마음—그것은 흡사 우리가 가본 일이 없는 어느 시골 길을 찾아가는 것과 같다고나 할까. 즉 가다가다 만나는 마을 사람들에게 그곳까지 몇 리나 되는가 하는 것을 물으면, 몇 리랄 게 뭐 있으리오, 얼마 안 가면 된다고 하므로 그 말에 용기를 제법 얻어 우리가 두 다리를 빨리 놀리면 사실, 그 다음엔 인가도 드문드문 나타나는 것 같은데 얼마를 걸어가도 그러나 목적지는 여간 나타나지 않을 때의 저 초초한 기분과 같다고 할는지. 참으로 겨울은 '지루'라는 글자 두 자에 그친다 할밖에 없으니, 겨울에도 간간히 뜨신 날이 있어 봄도 과연 올 날이 멀지 않았거니 하고 적이 마음을 놓으면, 웬 걸 웬 걸 겨울은 정해 놓고 매서운 복면腹面을 또 다시 심술궂게 나타내는 것이다.

  단순히 피부의 고통으로부터 해방되기 위해서만이라도 우리는 길고 긴 삼동三冬 사이 몇 번인가 헛되이 봄을 기다리게 되는

---

157 봄을 기다리는 기록

데, 봄은 마치 우리가 찾아가는 마을이 최후에야 뜻밖에 나타나듯이 실망한 나머지 기다리기에 지친 우리 앞에 하루아침에 문득 웃음 치며 나타나는 것이 일쑤이니, 봄은 확실히 재미있는 장난꾸러기이다.

1939년 4월 「여성」

사상과 행동, 참된 인간의 형성

확실히 기억할 수 없으나 영국의 H 밸록[158]이 아니었던가 생각된다. 그가 누구이든 이 논문에는 오로지 상관이 없으므로 깊이 천착穿鑿하지 않거니와, 여하 간에 역사소설 『올리비에 크롬웰』의 작자는 한 농가의 아들로서 후일에 영국 공화제시대의 유명한 호민豪民에까지 영달한 크롬웰의 파란에 넘치는 생애를 서敍하되, 많은 전기 작자들이 일찍이 크롬웰[159]에 대하여 지니고 있던 세속적인 견해를 그대로 답습하지 않고 완전히 이색적인 원리를 가지고 했으니, 즉 이 작가의 보는 바에 의하면 크롬웰이 어찌할 수 없는 심리적 사정에서 하지 않을 수 없었던 행동 때문에 우연히 덕을 보게 된 것이 유일한 동기가 되어 그는 드디어 수없이 성공을 전傳함에 이르렀다는 것이다.

정치가 크롬웰은 우리들이 보통 생각하는 것과 같은 행위의 인간, 의지의 인간은 결코 아니었던 것이요, 그는 철두철미 사유

---

[158] Hilaire Belloc(1870-1953) 프랑스 태생 영국의 시인·역사가·평론가
[159] Oliver Cromwell(1599-1658) 영국의 정치가·군인

의 인간, 감정의 인간이었다.

크롬웰은 말하자면 극도의 우울증으로 하여 고생한 사람이고 보면, 그가 원래부터 일정한 목표의 인식과 장시간의 숙고를 경과한 끝에 유유히 행동에 나아가는 성질의 사람이 아니었음은 물론이다. 차라리 그보다도 그의 심적 상태는 그가 의지에 반하여 쉴 새 없이 활동하도록 그를 강제한 것이라고 보는 것이 타당하리라. 그래서 그로 하여금 항상 행동에 나가게 하는 이 충동은 매양 소극성과 사색벽 때문에 번민하고 있는 우유부단한 자기 자신을 도회韜晦[160]하기 위한, 다시 말하면 그와 같이 연약한 자기 자신으로부터 이탈하기 위한 성격적 필연의 산물이요 또 결과였으니, 그것은 동시에 자기를 우울증에서 건지려 하기 때문에 그의 하의식下意識[161]의 수단이기도 했다.

이리하여 그의 행동 일체는 근본적으로 그 자신의 '햄릿'적 성질로부터 도피를 의미하는 이외에 아무것도 아니었다면 이 사실을 전적으로 수긍하지 않을 사람이 혹시 있을지도 모르나, 사실인즉 크롬웰이 최초에 이러한 눈물겨운 성격적 모순에서 절망적으로 취한 행동이 의외로 성공을 거두게 되었을 때 이것은 후에 그의 일생을 지배하는 원동력이 되었고, 또 시금석試金

---

160 숨겨서 감추기
161 의식의 밑바닥에 존재하는 잠재의식이나 무의식.

砧이 되는 동시에 그것은 다음에 취할 그의 계기적繼起的 행동에 대하여 배가의 용기를 부여하는 위안자가 되었음에 그는 우연히 혹은 필연의 세勢로 차츰차츰 불면불휴不眠不休의 열렬한 행동주의자가 된 것이다.

어떤 사람의 의지가 강함을 우리가 알게 될 때, 우리는 그가 당연히 용감한 행동에 나아갈 것을 소박하게 승인하지만, 그의 의지가 박약하고 의식의 분열이 심함을 그에게서 발견할 때 우리는 그가 용감한 행동을 취할 수 없을 것을 예상한다. 그러나 이것은 뭐라 해도 너무나 단순한 관찰임을 면할 수 없을 것이니, 왜냐하면 사람은 흔히 그가 약하기 때문에 그 약점을 숨기기 위해서 맹목적 행동에 나아가는 수도 없지 않기 때문이다.

말하자면 크롬웰의 경우는 후자의 전형적 예증例證이라 할 수 있을지니, 그는 자기의 약함에서 오는 모든 번뇌와 상극을 피하기 위하여 행동에 나선 사람이다. 그리하여 무엇보다도 중대한 것은 그가 최초의 행동에 성공했다는 사실이니, 오직 약한 자기의 내적 번뇌를 잊기 위하여 그가 행동에까지 나아갔을 때 그는 자기의 약함을 완전히 망각할 수 있었을 뿐만 아니라 행동 자체로서도 뜻하지 않고 대성공을 전했는지라, 그가 그 후부터 연속적으로 행동을 추구하게 된 것에 과연 무리가 있었으랴.

여기 우리가 크롬웰의 내적 상태를 보다 자세히 이해하기 위하여 그 소설에 나타난 크롬웰의 대화를 소개하면 저간의 소식은 더욱 명료하게 되리라 생각한다. 즉 크롬웰은 그의 종형 햄프덴에게, 또 한 번은 스코틀랜드의 장자 레슬리에게 너무도 전후를 불고不顧하는 맹목적 행동을 경고함에 대하여 다음과 같이 말한 것이다.

"사람이란 어디를 가는지 모를 만큼 멀리 갈 수는 없는 것입니다."

크롬웰의 이 말은 미지의 길을 걸을 때라야 사람은 가장 먼 길을 걸을 수 있다는 것을 의미한다. 이 말이 증명하는 바와 같이, 요컨대 크롬웰은 처음에는 자기 자신으로부터 도피하기 위하여 지향 없는 행동의 길을 열광적으로 걸었던 것이 동기가 되어 나중에는 다행히 많은 성공을 전하게 되자, 드디어 역사적 인물에까지 발전한 행운아의 한 사람임에 다름없다.

이상 말한 크롬웰의 경우는 적어도 우리들이 세계에서 흔히 볼 수 있는 범속한 예가 아니므로 사람은 이 사실에 대하여 일종의 기이한 느낌을 품을지도 알 수 없다. 그러나 우리는 이곳에서 크롬웰의 경우가 어느 정도까지 정당하며, 또 진실한가 하는 것을 해명하려는 것이 목적은 아니다. 다만, 우리는 크롬웰의 행동이 자기 자신의 도피에서 성립하는 전형적 예를 볼 수 있으면 그만이다.

이리하여 우리가 크롬웰의 경우를 한 개의 좋은 전제로 삼을 때 여기서 우리가 생각하지 않을 수 없는 것은 비단 크롬웰뿐만 아니라, 가령 나폴레옹이나 비스마르크같이 무슨 일에 착수하더라도 손쉽게 성공을 거두어들인 저명한 행동적 인물에 있어서도 이 '도피적' 요소는 그들을 행동으로 나가게 한 최초의 근원적인 동기가 아니었는가 하는 사실이다.

그러나 이 자기 자신으로부터 도피가 그들의 행동 속에 용이하게 발견되지 않는 이유는 최초의 많건 적건 행한 계획 없이 수행된 행위가 당연한 귀결로서 그 다음에 오는 그들의 미래의 행동에 확고부동의 목표가 서 있었던 것은 아니다. 다시 말하면 행동의 최초의 원전인 도피적 요소는 그 이후의 2차, 3차의 행동에 대한 계획적 실행에 목표가 점차로 확립하게 되는데서 그들은 비로소 일생을 바칠 수 있는 위대한 과제를 보다 명백히 인식해갈 수 있음에 불과한 것이요, 무조건 우리는 그 도피적 요소의 존재를 부정할 수는 없다.

뿐만 아니라 우리가 회고적 견지에서 어느 행동적 영웅의 기복이 많은 실천 역행을 볼 때는 그가 남긴 허다한 업적과 최후에 도달한 그의 목표가 무엇보다도 주목을 끌기 때문에 그의 일생은 흔히 일정한 방향을 가진 연연히 일관된 계획적 항행航行으로서 간주되는 바, 그의 최초의 출발이 이미 구성적 의미를 갖는 목적의식적 행동이었다고는 도저히 생각할 수 없는 일이다. 이 점에 있어서 크롬웰의 도피적 형식의 행동은 우리들 사유인思惟人에게 적지 않은 암시를 주는 것이라 아니할 수 없다.

그렇다고 나는 물론 사람의 행동 전부를 도피적 형식의 행동의 범주 속에 몰아넣으려는 것은 아니다. 여기 도피적 형식의 행동에 대립하는 엄밀한 의미의 자주적 행동이 있을 수 있음은 불가쟁不可爭의 사실이기 때문이다. 그러면 대체 이 자주적 행동과 도피적 행동과의 한계선은 과연 나변那邊[162]에 있을까?

도피적 형식의 행동은 그것이 맹목적이요, 자기적自己的이요, 또 무계획적인 행동으로서 나타나기 쉬운 것이기 때문에 괴테도 일찍이 말한 것처럼 '나중에는 우리를 드디어 파멸의 길로 이끌어 들이는' 바 행동이지만, 우리는 이와 같은 도피적 행동에 대하여 어떠한 장해길障害拮도 모르는 선천적 행동인의 적극적 행동이 세상에는 엄연히 존재하고 있는 사실을 잘 안다.

그러므로 크롬웰적 인간의 행동은 정통적 행동이 아니요, 어디까지나 파생적이요 방계적傍系的인 성질을 가진 행동이라 하리니, 왜냐하면 이런 종류의 인간은 자기를 감연히 행동화하기 전에 활동적 생애와 관조적 생활 사이에 누워 있는 차이에 대한

---

[162] 어느 곳

과대한 지식의 화원禍源[163]이 되어 매양 통렬한 의식의 분열을 체험하지 않을 수 없기 때문이다.

그들은 순수사고의 절대한 유혹을 물리칠 수 없다. 그들은 '머리'가 좋고, 너무나 많은 것을 알고 행동의 어리석음을 잘 알고 있기 때문에 더욱 깊이 추상적 사유 속에 심신을 매몰시킴으로 하여 행동을 더욱 '경멸'하는 것이다. 이래서 흔히 그들의 지적 생활을 그들의 존재적 확실성을 위협함에 이르기까지 심각화 하는 것이니, 가령 그들이 인생의 의미가 무엇임을 탐구했다고 할 때, 그들의 순수사유는 과연 이 문제에 대하여 무슨 답안을 요리했던가? 결국 인생 문제는 그들의 노력에도 불구하고 그 성질상 영원한 불가해不可解가 아니고 무엇이냐. 개념적 규정만으로서 인생 현실의 중심점을 포착할 수 없는 것이다.

여기서 이제까지는 반행동적인 사유를 존중하는 지식인이 생활 원리로서 행동이 얼마나 중대한 것인가를 새삼스레 깨닫고 '도피적'인 행동이 되려 할 때, 그의 행동은 요컨대 생활의 지반을 잃은 애달픈 영혼의 마취제에 불과하다. 사유의 무한을 행行의 유한에로 효과 있는 전환을 꾀하기 위해서는 무엇보다도 강렬하고 현명한 의지가 필요한 것은 두말할 것 없지만, 그러므로 괴테도 일찍이 그의 『빌헬름 마이스터의 수업시대』 속에

---

163 화근

서 "사람이 관계하는 모든 것은 무한으로 뻗어 있다. 사람은 활동에 의해서만 자신을 무한해서 건질 줄 안다"고 말한 것이다.

앞서도 잠시 논급한 바와 같은 선천적 행동인의 행동 형식은, 물론 저 도피적 행동의 비극적 강행과는 아무런 접촉점도 가지지 않는다. 이들의 행동은 말하자면 그들이 타고난 위대한 소박성의 자연스러운 소신이라 볼 수 있는 것으로 모든 철학, 모든 과학이 이곳에 있기 전에 자연스러운 존재 형식에서 조화 있는 생활을 할 수 있었던 옛 사람의 행동과 조금도 다를 것이 없다 할 것이니, 그러므로 선천적 행동은 병적 행동의 반사유성이라든가, 또는 순수사유의 반생활성과 같은, 다시 말하면 사상과 행동의 반목배치反目配置에 대하여 전연 아는 바가 없다. 그들의 빈틈없는 인간적 조화는 분열의 비극을 알지 못할 뿐만 아니라, 그들은 자기를 떠나서 내지는 자기를 초월해서는 아무것도 생각할 수 없고, 그들의 사고는 그것이 곧 행동을 의미하는 실생활의 영역을 벗어나지 않는 경지를 언제든지 지켜주는 것이고 보면, 가령 한 예를 든다면 바이힝거[164]의 『알스 오(인듯)』이라든가, 또는 키에르케고르[165]의 『앤트베더 오더인가전가』의 회의에 소호小毫[166]인들 공명할 도리는 없다.

---

[164] Hans Vaihinger(1852-1933) 독일의 철학자
[165] Kierkegaard(1813-1855) 덴마크 종교철학자
[166] 아주 조금

사상과 행동은 그들에게 서로 분리되고 대립된 두 개의 상태가 아니요, 그것은 그들의 존재적 전체 속에 아직까지도 양위일체兩位一體로서 결합되어 있는 것이니, 그들은 정통을 그대로 계승하여 인생의 의미를 물음이 없이 인력人力을 다하고 천명을 기다리면 그뿐이다.

이러한 원시적 인간은 오늘날에 있어 생활하기보다는 사상하기를 즐기는 사람들과 서로 이웃하여 실재하고 있음을 우리는 안다. 그리하여 이런 사람은 모든 미지의 것을 적대시하는 경향을 가지는 것이 원칙인데, 만일에 그들의 평온한 경험에 의해서 이 미지의 요소가 어느 기회에 침입하여 그들이 이 미지자未知者를 분석 해부하지 않을 수 없을 때, 그들의 사상과 행동의 통일체는 문득 최초의 분열을 야기하게 된다. 여기서 그들은 철학하기를 시작한다. 마침내 그들이 철학하는 데 성공했을 때, 그들은 이것을 과학이라 한다. 그들은 생활 행동을 떠나 과학적 사변思辨에 전념한다.

그리하여 그들은 확실히 '사상은 확대되었으나 정신은 마비된' 사실은 꿈에도 생각하지 못하고 그들의 새로운 생활 방법을 정신적 생활이라 하여 칭송하고 생활 내부에 나타나는 새로운 문제를 사변적 방법으로 해결하려는 노력을 참된 생활 정신을 위하여 봉사하는 것이라 확신하는 것이지만, 사실은 어떤가. 때

늦게 비로소 그들은 모든 과학을 전체로서의 생활 현실의 기술적 보조 수단에 불과한 것을 알게 되는 것이다.

확실히 그렇다. 전 인류의 과학적 사변의 총체는 요컨대 풍요한 인생 현실을 단순화, 분류화 하고 목록目錄한 것에 불과하지 않은가. 과학자이면 의례히 존재하는 모든 것을 한번은 자기적으로 철학화 하는 것을 위대한 의무로 생각하고 있지만, 그러나 빈틈을 시멘트로 극명하게 막으려 하는 이 '체제에 대한 의지'는 니체도 지적한 것 같이 결국은 '성실성의 결여'에서 오는 것이다.

'수많은 지혜와 수많은 미美가 희랍의 신화에서 발생한' 사실을 우리는 부정하지 못하지만, '신성한 가상假想'과 '고의의 착오'가 우리의 사유 속에 요구되는 동안 이런 종류의 사유적 해부학이 우리의 참된 정신을 천명할 수 없는 것은 두말할 필요가 없다. 뿐만 아니라 원래 증류수는 레토르트증류기 속에서만 존재할 수 있는 것이요, 자연 속에서는 나타날 수 없는 물인데다가 증류수는 현실의 물과는 그 성분을 달리하고 있는지라, 그것을 마셔서 맛도 없고, 또한 우리의 구갈口渴을 면하게 하는 생명수도 아님은 물론이니, 과학이 실험관에서 이끌어 낸 지혜라 하고 철학이 현실에서 도출한 개념이라 하여, 이것이 다 같이 우리들의 참된 생활 지식에는 기여하는 바 다분히 공허한 생산물임은 넉넉히 추측할 수 있는 일일까 한다.

이리하여 개념의 세계를 치구馳驅[167]하는 사유인은 지상의 모든 구속을 탈각脫却하고 초연히 군림하여 관조에 취해 있는지라, 그것은 이를테면 폭포가 고지에서 냉기를 흠씬 머금고 장엄하게 떨어지듯이 마치 그와 같은 전율적 만족을 향락하고 있는 자라고나 할까?

그러나 모든 도취의 종은 높이 울려지고 말았다. 언제까지나 우리는 유해무익한 지혜의 노예가 되어 각성의 종은 높이 울려진다. 언제까지나 우리는 유해무익한 지혜의 노예가 되어 현실과 유리된 침사沈思[168] 상태에 빠져 있을 수는 없기 때문이니, 그러면 저 도취가 일과一過한 후에 우리의 머리에 불현듯 떠오른 지혜, 이것이야말로 그 이름에 값할 지혜란 대체 무엇일까?

그것은 실로 우리가 임기응변적으로 그때그때의 필요에 부딪쳐 오색이 영롱한 색즙色汁을 빌어서 도해圖解하려 했던 저 오직 현황眩煌[169]할 뿐인 한 폭의 사고상思考象을 만들기 위하여 우리가 육체와 영혼이 서로 융합되어 있는 전체적 존재로서의 선천적 자립성을 어느덧 헛되이 잃어버렸다는 것에 대한 떨칠 수 없는 인식이다. 이것을 더 좀 쉽게 말해 본다면, 그것은 우리가 쓸데없는 생각에 빠져 눈을 감고 기계적으로 앞만 걷다가 문득 눈

---

167 달리는
168 조용히 정신을 모아서 깊이 생각하는
169 어지러이 번쩍일

을 뜨고 살피니 이것이 웬일인가. 우리는 위험하기 그지없는 층암절벽에 다다라 있지 않은가. 일보를 내딛기만 한다면 천인만장하千仞萬丈下[170]에 희생이 되고 말 몸이었는지라, 여기서 우리는 잠시 정신을 가다듬고 공상이 얼마나 유해한가를 통감하면서 우리가 발을 디디고 설 전全 지대地帶를 다시 말하며 정로正路를 찾는 격이랄까.

현대의 많은 지식인이 걸리는 사유병, 심장병, 생활 염기병厭忌病 등은 확실히 불치의 난병은 아니라도 치명증에는 틀림없다 할 것이니, 이 병세를 진단하기 위하여 일찍이 수많은 우의愚醫가 그들의 특효약을 가지고 나타나지 않은 것은 아니다. 가령 한 예를 들면, '자연에의 복귀'를 병자들에게 향하여 경련적으로 부르짖은 '루소' 배輩[171]는 우의에 속하는 그런 전형적인 예일 것이다.

왜냐하면 물론 생활을 멸시하는 사유병 환자들의 잠월潛越[172]을 치료하기 위하여 자연 요양도 그다지 나쁘지 않을지 모르나, 그러나 이 점에 우리가 더욱 두려워하는 것은 자연요법은 환자의 야만화, 환자의 정신적 퇴화를 반드시 초래하고야 말 것이기 때문이다. 그러므로 이 경우에 있어서는 자신의 건전한 치료를

---
170 까마득한 절벽 아래
171 루소를 따르는 무리
172 남몰래 우쭐대는 것이 주제넘음

위하여 구치救治는 많은 의사의 경험이 가르치는 바와 같이 외부에서 올 수 있는 성질의 것이 아니요, 그것은 사유병 환자 자신 속에 숨어 있다는 것을 앎이 무엇보다도 필요하다.

그리하여 우리는 자신의 의사가 됨으로 해서 새로운 요법을 발견하지 않으면 안 된다. 물론 이 새로운 요법이란 두말할 것 없이 우리의 정신을 반反생활성에서 해방하는 방법밖에는 없다. 즉 문제는 참으로 간단한 것이니, 사유가 이제까지와 같이 사유를 위한 사유에서 출발해서는 안 되며 동시에 육체적, 정신적인 전체로서의 인간으로부터 출발하는 것이라면 좋다는 말이다. 그것은 우리의 사유가 철학의 중심점이 아니라 인간 자체가 실로 '필로조피렌[173]'의 중심점이요, 출발점이어야 할 사세事勢의 순서에서 생각해본다하더라도 극히 소박한 문제에 불과하다.

이리하여 우리의 모든 사변적 노력이 '산 인간'과 결합하게 될 수 있을 때, 저 사유의 절대화가 일정한 제한을 받지 않을 수 없을 것은 정한 이치이니 생활의 방침이요, 정신의 기술을 의미하는 모든 사상과 과학이 어찌 이곳에서 반생활적일 수 있으랴. 이 점에서 생각할 때 확실히 새로운 이성을 가지고 산 인간을 그들의 철학의 유일한 과제로 삼는 '존재철학'은 그 의미와 사명이 크다고 아니할 수 없다.

---

173 Philosophiren 철학하는 것

지혜의 과실을 따서 먹었기 때문에 타락한 인간을 구제해야 할 시기는 도래하였다. 지성의 가치가 바야흐로 고조되는 이때에 행동의 의의를 절규하는 것은 일견 모순인 듯 보일지도 모르나, 인간의 이성이 결국은 사상과 행동의 평형 관계에 있다는 것을 반대할 논자는 없으리라. 기형적으로 발달한 두뇌보다 요컨대 더욱 중요한 것은 인간 전체를 생활 중심적으로 완성시키는 데 있다.

이제 세계 정국의 풍운에는 험악한 것이 있다. 현대에 들어 행동주의(그것이 참된 의미의 행동인지 아닌지는 시별時別[174] 문제로 하고)가 모든 종류의 합리화운동, 계획경제 내지는 통제정책 속에 여실히 나타나 있음을 우리는 볼 수 있는 것인 바, 이제 사람들은 자기 자신을 국가적으로 행동화함에까지 이르렀다.

이런 기회에 우리가 전선戰線의 전개를 주시하는 한편, 자기를 크롬웰의 경우와 비교 대조해보는 것은 그다지 무의미한 일은 아니라 생각한다.

1939년 9월

---

[174] 다른 때의

생활의 향락

생활의 향락이란 말만큼 흔히 쓰이면서도 그 개념이 막연한, 이의적二義的인 언어도 그리 많지 않을 것이다. 물론 진정으로 생활의 향락이 무엇인가를 잘 알고 있는 현명한 사람들에게 이것은 지극히 순수무잡純粹無雜한 말에 속할 것이겠지만, 생활의 딜레탕트dilettante에게는 그의 근시안으로서는 도저히 이해하기 어려운 것이기 때문에 이 말만큼 위험한 것은 없다.

생활의 향락. 생활하는 자에게 있어서 이것같이 자명한 사실은 없음에도 불구하고, 그것이 있음으로써 재미도 있고 살 보람도 있는 바 향락의 면을 생활에서 단연 제거하려 들고, 혹은 그와는 반대로 인생은 향락 그것 때문에 존재하는 것이지 그 이외의 것을 위해서 존재하는 것이 아니다 하고 생각하는 부류의 인간이 비교적 많다는 것은 슬픈 일이다.

무엇하자는 돈인지를 반성할 여유는 한 번도 가지지 못하고 금전만 모으려드는 인색가들을 비롯해서 일을 해보기도 전에 그 무의미를 주장하는 무위도식자며, 공연히 짜증만 내어 그렇게 함으로써 참된 생활의 환희를 암살하는 불만가들은, 우리들이 잘 아는 바와 같이 말하자면 생활의 둔감자로 지평선 저 멀리 누워 있는 행복된 생활의 만끽과는 절연의 상태에 있는 사람들이니, 그들은 대개 흉도胸度[175]가 넓은 사람 같으면 보통으로 일소에 부치고 말만한 사소한 일에 머리를 앓으며 하루의 대부분을 불유쾌하게 보내고 마는 것이다.

그러나 위험성으로 말하면 이러한 보수적 생활자보다도 생활의 거짓된 향락자가 일층 심함은 물론이니, 그들은 돈냥이나 있는 것을 기화로 전연 인류 활동의 권외에 서서 자기 일개인의 쾌락을 추구함에 급급한 나머지 결국은 재산을 탕진하고 자기와 자기 일족을 망치고 마는 것이 예사이기 때문이다. 참으로 경계할 일이라 아니 할 수 없다.

사람이 타고 난 활력을 위축시키지 않기 위해서는 항상 세상의 풍파에 마찰을 당해야 됨은 물론이고, 또 우리는 생활의 목적이 생활하는 것 그 자체에 있다는 것을 잊어서는 안 된다. 다시 말하면 우리는 운동하고 성장하고 전투하는 것이 곧 생활의 목적이 됨을 알아야 한다는 것이다.

그러므로 정신적으로 육체적으로 우리가 가진 정력의 신선한 갱생을 꾀할 수 있을 때, 그곳에야말로 지장 없는 생활의 향락

---
[175] 마음의 도량

은 추구되는 것이지 아이와 일락逸樂 속에 생활의 향락이 있는 것은 결코 아니다. 왜냐하면 광명에 가득 찬 생활이란 항상 극복하기를 의욕하고, 이 극복은 전쟁 없이는 실현될 수 없는 것이기 때문이다.

가장 아름다운 생활의 향락은 현실 생활의 쾌활한 조종과 정신력과 육체력의 조화 있는 균형 속에서만 찾을 수 있는 것이라 할 수 있으니, 생활술生活術이란 결국 무엇이냐 하면 달기도 하고 쓰기도 한 모든 체험 속에서 우리가 한 개의 심각한 지혜를 도출하는 동시에, 그 오묘한 감즙甘汁을 섭취할 줄 아는 독특한 기교를 말하는 것이 아닐까 한다. 그리하여 생활의 향락은 활동과 휴양, 이 양자의 율조적律調的인 교호작용交互作用에서 체험되는 것이요, 그 한 가지 것 속에서 발견되는 것이 아니므로 일면적인 인간은 그가 아무리 훌륭한 것을 기도하고 있는 경우라도 생활의 향락에 참여할 도리는 없다.

생활의 향락이란 아름다운 사실을 아직껏 순전히 놀고, 마시고, 먹고, 입는 것으로만 여기고 있는 사람들이 비교적 많은 듯하기에, 나는 그들의 오해에 대하여 일언一言하는 동시에 가장 아름다운 생활의 향락은 자연과의 접촉에서 실현될 수 있다는 것을 역설하는 바이다.

활동의 여가에 유유히 실행되는 등산임수登山臨水[176], 여기서 우리는 제일 간단히 심신의 일여—如와 조화를 얻을 수 있기 때문이다.

1940년 10월 「박문」

---

[176] 산을 오르고 물가를 찾는 것

교양에 대하여

우리들이 일상생활에 있어서 어떤 사람을 보고 '교양 있는 사람'이라고 말할 때 우리는 보통 그가 비교적 여유 있는 계급에 속하고 어느 정도 보편적인 지식도 가지고 있으며, 그래서 그 사람의 행동거지가 충분히 사교적이어서 체면도 알고 범절도 있는, 말하자면 말쑥하고 세련된 사람을 연상하는 듯싶다.

그러므로 전문대학 졸업장이나 가지고 있고, 일가―家의 견식을 가지고 매사에 당하며, 유행에 뒤지지 않는 맵시 좋은 의복이라도 입고, 거기다가 간간이 영어 몇 마디를 섞어서 왕왕히 시세담이나 하고 보면 이것으로 우리는 그를 범상인凡常人의 수준을 훨씬 넘어선 교양인으로 간주한다.

그러나 좀 더 세밀히 점검할진대, 교양이란 것을 순수하게 외면적으로 관찰한 데서 필연히 결과된 피상적 견해라 할밖에 없으나, 만일에 교양의 정체가 이와 같은 것이라면, 그러한 종류에 속하는 교양인의 이상이란 과연 무엇일까? 결국은 그들이 직업적, 사회적으로 자기주장을 통용시킬 수 있는 정도의 지식과 능력을 가질 수 있다면 그만이요, 그런 의미에서 그들이 소위 문명인이 될 수만 있다면 그만일 것이다.

이때 사람은 오직 자기를 주위 환경에 순응시켜 나가는 재주만 있다면 그뿐이요, 그때 앞길을 막으며 그의 전진을 방해하는 것이란 아무 것도 없을 것이오, 그러한 조건을 구비했는지라 그는 어느 곳에서나 교양인으로서의 인정을 받을 수 있을 것이다.

그러나 이상과 같은 견해에 대하여 우리가 주의를 요할 것은 세간에는 흔히 이기적 성공만을 위하여 사는 이른바 영달주의자 무리가 있다는 것, 그리하여 이 영달주의자, 공리주의자에 속하는 불유쾌한 인간 전형이야말로 표면적으로는 교양인과 부합하며 일맥상통하는 점이 있다는 사실이다. 즉 교양 유무의 표준과 증좌를 외면적 인상에 둔다는 심히 위험한 소이가 이곳에 있다.

독일의 유명한 화가요, 유머리스트인 빌헬름 부슈[177]는 "너는 사람이 입고 있는 조끼만을 보고 심장은 보지 않는다"고 일찍이 말한 바 있다. 참으로 지언至言이라 할지니, 아름다운 허울이 반드시 좋은 심장을 싸고 있다고는 할 수 없기 때문이다.

공명정대한 비판적 견지에서 본다면 사실 많은 사람이 얼마

177　Wilhelm Busch(1832-1908) 독일의 시인·풍자화가(諷刺畫家)

가량 실용적 한계는 넘어섰다고 볼 수 있는 지식과, 항상 인기를 모으고 주목을 끌기 위한 정면적인 행동으로서 자기 도회韜晦[178]를 일삼고 있다는 것은 한심한 일이라 하니 할 수 없으니, 그 배후에 숨어 있는 가소로운 미숙과 무내용은 도저히 감추려고 해서 감출 수 없는 것이다. 그러므로 이 '교양이 있다' 하는 존칭에 대한 요구권은 엄밀한 의미에서 많은 사람이 주장할 수 없다.

문제는 우리가 교양이라 하는 이 개념을 얼마나 깊고, 또 높게 평가하느냐에 달려 있는 것이다. 물론 어느 정도의 지식과 사회적 예의작법作法이 교양적 요소에 속하는 것이지만, 그러나 이러한 요소가 그 사람의 인격 자체와 혼연히 융합되어서 나타나지 않는다면 우리는 인격으로부터 탈락된 무생명한 요소에 대하여 교양의 낙인을 찍을 수 없는 것이다.

교양이란 사람이 그의 전 인간성과 그의 생활 실천에 있어서 내적으로 외적으로 그가 가지고 있는 모든 종류의 역량이 될수록 완전한 발달과 통일에 도달하고 표현하는 곳에서만 있을 수 있는 것이니, 혹은 이성교육, 혹은 심성교육, 혹은 사회적 교양이 각기 완전의 역域에 달했다 하더라도 그것만으로서 교양의 이상에 도달했다고는 말할 수 없다.

왜 그러냐 하면 가장 섬세한 영적 교양이 완전한 무지와도 병

---

[178] 숨겨서 감추는 것

존할 수 있는 반면에 고도로 순치馴致된 정신이 내면적 공허를 배제하지 않으며, 결점 없는 사교 형식의 숙달이 또한 자기 가정에 있어서의 그의 조야粗野를 엄폐할 수 없기 때문이다. 이 모든 사교적 성분이 가치적으로 균제均齊를 얻은 조화와 협력만이 오직 총체적으로 교양이란 현상을 결과시킬 수 있는 것이니, 그러므로 교양이 있다는 것은 두말할 것 없이 상술한 바 네 개의 교양 형식이 어떤 인격을 통하여 한 개의 통일체를 실현할 수 있었음을 의미하는 것이다.

이와 같이 교양적인 요구는 언제나 전체적인 인간 형성을 지향하는 것이요, 그 사람의 부분성과 일면성에만 관여하는 것은 아니다. 그리하여 교양의 의미와 목적을 우리들이 타고 난 소질과 능력으로부터 다각적인 통일체를 형성시키려는데 있다.

일찍이 18세기에 있어서 시인 괴테가 이 교양이란 말을 특히 고조하고 그 개념을 규정했을 때, 그가 교양의 이상을 '룰투라 아니마' 즉 내면성의 형성에 둔 것은 저간의 소식을 웅변하는 것으로, 그 시대에 있어서 교양을 추구하는 무리의 동경과 노력이 외부에서 오는 모든 종류의 지식과 경험을 자기 인격의 신장과 완성에 대한 수단 도구로 삼았음은 물론이요, 그들의 개성이 자신에게 있어서는 의식적인 자기 형성을 통하여 최대한으로 다면적인 형체를 조성하기 위한 재료요, 소재임을 의미함에 불과하였다. 인간은 교양에 의하여 오직 인간이요, 또 인간이 된다. 이것은 실로 그 시대의 몰각할 수 없는 견해이었던 것이니, 그러므로 엄격한 의미에서 최종 단계적인 완성된 교양이란 있을 수 없다.

교양은 항상 도상途上에 있는 것이요, 목적지를 갖지 않는다. 그것은 영원히 계속되는 과정을 의미할 뿐 어떤 인격을 통해서 낙착된 소유물로서 표현될 수는 없는 것이니, 교양이란 말하자면 운동이요, 생성이요, 과제이기 때문이다. 그것은 이미 있었던 것, 의미되어 있는 것에 대한 동화, 순응이 아니요 항상 새로이 쇄도하는 많은 재료의 섭취, 소화에 의한 자기변혁이요 자기 성장인 것이다.

그리하여 참된 정신적 교양이 무엇임을 아는 사람은 개성적으로 필연히 규정되는 명확한 선택 본능에 의하여 그에 필요한 것만을 섭취하면 그뿐이요, 모든 것에 대한 유희적·중성적 흥미란 무릇 그와는 거리가 먼 물건이다.

진실한 교양은 기능적으로 광범위한 범위의 다채로운 지식의 수용만으로 만족할 수 없는 것이니, 이와 같이 해서 얻은 지식을 동시에 개인적·직업적·사회적 제 생활의 요구에 응하여 심화하며 확고화 함으로써 비로소 그것이 확보되면 견지될 수 있기 때문이다. 그러므로 교양인은 개인적 이해력과 판단력이 허용하는 한도 내에서 자기가 살고 있는 시대의 제반 문제, 즉 정치적·경제적·예술적·종교적 현실문제에 대하여 수용도 하며, 혹은 비판도 하며, 혹은 형성도 해가는 그러한 열렬한 직접적인 관계자가 아니면 안 된다.

물론 교양인은 최초부터 자기의 이해력 한계를 잘 이해하고 있는 까닭으로, 자기의 영역을 넘어서는 그 같은 경망한 행동은 거의 극히 염기厭忌하는 바 사실에 속한다. 그는 그의 역량이 미치는 범위 내에서만 겸허한 확신을 가지고 항상 움직이는 것이다.

일찍이 시인 쉴러[179]에 의하여 창도唱導된 이래 현재는 '예술교육'이란 이름 밑에서 널리 지지를 받고 있는 저 미적 취미교육은 자연과 예술이 가지고 있는 미를 감상함에 의해 우리의 내적 생활을 풍부하게 하는 점으로 보아 다른 것으로서는 대신할 수 없는 하나의 교육 가치임에는 틀림없으나, '이상'으로서 추앙할 수 있는 최선의 것이라고 말할 수 없다. 왜 그러냐 하면 이 다분히 향락적인 성질을 띠고 있는 취미 배양은 걸핏하면 그 정도를 지나치기 쉽고 그 정도를 넘어서는 때, 그것은 사람의 건전해야 할 생활과 정신을 부자연스럽게 왜곡시키는 일이 적지 않기 때문이다.

---

[179] Johann Christoph Friedrich von Schiller(1759-1805) 독일의 시인·극작가

그러므로 교양의 이상인 종합적·전체적 인간 형성을 조성하는 취미만이 오직 교양가치로서 의미를 가질 수 있을 것이요, 파행적인, 고답적인, 향락적인 취미 편중은 건전한 정신적 견지에서 볼 때에는 유해무익한 유한인有閑人의 과잉 행동이라 할밖에 없다. 앞에서도 말한 바와 같이 가치적으로 균형을 얻은 모든 종류의 교양적 성분의 음악적 조화와 혼연일체만이 오직 참된 교양인을 만들어 낼 수 있다.

이러한 의미에서 8·15 해방 이후 씩씩한 신정신과 불타는 듯한 향학심, 지식욕을 가지고 학창에서 연학研學에 힘쓰고 있는 많은 학생 제군에게 충심으로 일언하고 싶은 것은 지식의 갈구는 물론 좋으나 이와 병행하여 전체적인 인간 수양을 등한히 하여서는 안 된다는 점이다.

우리는 일찍이 오랜 압박과 학대 밑에 여러 가지 이유로 살기에 바쁘고, 혹은 모든 조건의 불여의不如意에서 얼마나 '사람으로서 자기를 교양하는 의무'를 회피해 왔으며, 태만히 해왔는가! 그리하여 우리는 조선 각계를 막론하고 참된 교양인이 희소하다는 것은 우리들의 건국을 위하여 심히 유감된 일이다.

우리 조선에는 진정한 의미에서 일면적인 교양인조차 많지 않은 현상이 아닌가, 여기서 진정한 교양의 이상을 향하여 자기완성의 길 내지는 국가 재건의 길을 걸어가고 있는 청년 학도

제군의 사명과 책무가 얼마나 중차대함을 제군은 명심해야 할 것이다. 일언으로 요약하면 교양이 없는 사람은 마치 광택을 잃은 거울과도 같은 것이다.

1946년 7월 「국학」

청빈에 대하여

이는 또 무어라 할 궁상窮相이 똑똑 흐르는 사상이뇨 하고, 독자 여러분은 크게 놀라실 지도 모른다. 확실히 사람이 이 황금만능의 천하에서 청빈을 예찬할 만큼 곤경에 빠져있다는 것은 비참한 일이다. 그러나 이왕 부자가 못된 바에는 빈궁을 도저히 물리칠 수 없는 일이니, 사람이 청빈淸貧을 극구 예찬함은 우리들 선량한 빈자貧者가 이 세상을 살아가는 데 있어 그것은 절대로 필요한 한 개의 힘센 무기요, 또 위안이다.

혹은 부유라 하며, 혹은 빈곤하다 말하나 대체 부유는 어디서 시작되는 것이며, 빈곤은 어디서 시작되는 것이냐? 사람이 부자이기 위해서는 대체 얼마나 많이 가져야 되고, 사람이 가난키 위해서는 대체 얼마나 적게 가져야 되느냐? 그러나 물론 이것을 아는 이는 없다. 보라! 이 세상에는 부자임에도 불구하고, 실로 대단한 부자임에도 불구하고, 자기를 가난하다 생각하며, 사실에 있어 또 이 느낌을 항상 지니고 다니는 도배徒輩는 허다하지 않은가? 그들은 어느 날에 이르러도 자족함을 알지 못하고, 전연全然히 필요치 않은 많은 것을 요망한다.

말하자면 위에는 위가 있다고 할까, 도달할 수 없는 상층만을 애써 치어다보곤, 아직도 자기에게 없는 너무나 많은 것을 헤아리는 것이다. 포만함을 알지 못하고 '충분充分타' 하는 아름다운 말을 이미 잊은 바, 그러한 도배를 사람은 도와줄 도리가 없다.

그런데, 또 보라! 이 세상에는 극도로 어려운 처지에 있음에도 불구하고 자기를 '넉넉타' 생각하며, 사실에 있어 또 이 느낌을 항상 지니고 다니는 사람은 허다치 않은가? 이 사람들에겐 명색이 재산이라 할 만한 것이 없음은 물론이요, 대개는 손으로 벌어서 입으로 먹는 생활이 허락되어 있을 뿐이다. 그러나 이들은 정말로 필요한 것조차를 필요하다고 여기지 않고, 말하자면 밑에는 밑이 있으니까 밑만 보고 또 이 위에도 더욱 가난할 수 있을 모든 경우를 생각하고, 그리하여 얼마나 많은 사람이 절박된 곤궁 속에 주리고 있는가 생각한다. 이리하여 이 위안의 명류名流[180]들은 마치 그들이 그들의 힘과 사랑을 어딘지 다른 곳에다 두는 듯한 느낌을 우리에게 주는 것이다.

이러한 의미에서 원래가 빈부의 객관적 표준은 있을 수 없으므로, 빈궁의 문제를 쉽사리 규정하여 버릴 수는 없다. 문제는 오직 조그만 주머니가 곧 채워질 수 있음에 대하여, 구멍 난 대

---

[180] 널리 세상에 알려진 사람들

낭大囊[181]이 결코 차지 않는 물리적 이유에만 있을 따름이다. 그리하여 결국은 빈부의 최후의 결정자는 그 사람 자신일 뿐이요, 주위에 방황하는 제삼자가 아니다. 그러므로 또한 사람이 참된 부유를 자손을 위하여 남기려거든, 드디어 한이 있는 물질보다는 밑을 보는 재조才操와 결핍에 사는 기술을 전함에 지남이 없을 것이다. 자족의 취미와 자기의 역량을 어딘지 다른 곳에다 전치轉置할 수 있는 정신적 재능이야말로 사람을 부자이게 하는 바 2대 요소要素다.

그러면 이 세상에는 과연 빈궁이란 있을 수 없는 것일까? 아니다. 우리는 여기 두 가지 종류의 빈궁을 지적할 수가 있다. 그 하나는 물질적 빈궁이라 할 수 있으니, 이제 벌써 할 일이 없고, 그러므로 쓸데없는 존재가 된 사람이 그보다 밑바닥에 있는 사람은 없는 까닭으로 활동과 생존에 대한 권리를 이미 잃고, 여기는 영구히 자족과 질소質素[182]의 어떠한 예술도 적용될 수 없을 때, 실로 그때 그는 참으로 가난하며, 실로 거기 참된 빈궁은 있다. 다른 하나는 정신적 빈궁이라 할 수 있으니, 그것은 사람이 그의 참된 역량과 그의 참된 사랑을 바칠 수 있는 하나의 정당하고, 또 아름다운 '다른 곳'이 세상에는 존재한다는 것을 이

---

181 큰 주머니
182 꾸밈이 없고 수수하다

해치 못하기 때문에, 이러한 다른 곳을 어리석은 나로서 조소하므로 의하여 자기 자신을 무용無用의 장자長者로 뿐만 아니라, 그의 생존과 활동이 의미를 상실할 때, 이 결핍을 맛보라 하지 않고 지향 없이 탐욕만 추구하는 그 사람이야말로 참으로 다른 의미에서 가난한 자이라 아니할 수 없으며, 또 우리는 이곳에 다른 하나의 참된 빈궁을 발견치 않을 수 없다.

그리하여 여기 우리가 가장 슬퍼하지 않을 수 없는 것은, 제2 유형의 빈자가 냉담하고 거만한 태도로 제1 유형의 빈자 옆을 지나친다는 사실이다. 일찍이 디오게네스는 그의 조그만 통 속에서도 극히 쾌활하게 살았다. 그러나 알렉산더에겐 이 세상 전체가 한없이 작은 것이었다. 여기 만일에 사람이 철학자 디오게네스의 부를 더욱 큰 것이라 단언할 수 있다면, 그의 청빈은 확실히 적은 '재산'은 아니다.

1947년 4월 「동아일보」

농민예찬

도시가 팽창해 가면 팽창하여 갈수록 그래서 도시가 농촌에 인접하면 인접할수록 도시는 농민정신으로부터 벗어나고 멀어지는 것이 원칙이다. 도시는 기계가 지배하고 농촌에는 곡물이 무성하다. 여기서 우리는 경솔히 곡물을 기계와 비교하여 그것의 국민생활에 대한 가치와 축복에 있어서 어느 편이 큰가를 탐구하고자 않거니와, 다만 우리는 기계의 장래를 크게 기대하는 도회인에게 만일 그와 같은 도회인이었다면, 그 무모한 심취와 기만적인 과오를 재적하면 그뿐이니, 왜냐하면 곡식 없이는 기계도 문명도 있을 수 없기 때문이다.

그러므로 우리는 다시 한 번 하늘과 땅이 주시는 선물인 곡식만이 오직 홀로 인생 존재의 원리가 되는 것이라는 사실을 감지하고 이해하지 않으면 아니 될 것이니, 우리들이 익어가는 곡전穀田[183] 앞에 마치 신비 앞에 서 듯이 설 때, 우리가 마음 속 깊이 이제는 안 계시는 부모 생각과 목가적인 고리故里에 대한 애

---
[183] 곡식을 재배하는 밭

달픈 향수에 얽혀 하나의 경건한 전율을 느끼는 것은 실로 그 때문이다.

이제 황금빛 물결치는 나락 밭 앞에 서되 뿌리 깊은 귀의심歸依心을 잃은 불행한 도회인은 모름지기 씨를 뿌리는 농민의 저 위대하고 장엄한 창조자의 상형象形을 생각하고 소비자로서의 지위를 다시 한 번 반성하여 봄이 좋을 것이다.

소위 '창조의 기쁨'이란 말이 있는 것을 아마도 알지 못하는 사람이 없겠거니와, 이것이 무엇을 의미하는지를 모르는 사람만큼 가련한 인간은 없다. 단 한 포기의 채소일망정 그것을 좁은 뜰 한구석에 심어본 경험이 있는 사람이면 이 '창조의 기쁨'이 무엇인가를 이해할 것이니, 자기 손으로 뿌린 씨가 잎이 되어 땅 속에서 솟아나고 그와 같이 솟아난 싹이 날마다 자라나는 것을 보는 기쁨, 그리하여 그것이 드디어 배추가 되었을 때, 그것을 상 위에 찬의 한 가지로써 먼저 음식으로 맛보는 즐거움, 이것이 곧 창조하는 기쁨이다.

일찍이 철학자 프란츠 폰-바데르는 말하되 "기관은 작용함으로 의해서 움직이고 그 기능이 정지될 때 소멸한다. 오직 발표된 언어, 표현된 사상만이 자기의 것이다. 이리하여 외부화 할 수 있는 것, 정히 그것만이 비로소 내부화할 수 있다"고 했다. 참으로 지언至言이라 하지 않을 수 없으니, 사실에 있어서 사람이 자기 손으로 몸소 어떠한 물건을 만들었을 때 그것만이 참으로 가치가 있는 것이기 때문이다. 그러므로 확실히 농민은 대부분 필요한 물건을 자기 스스로 만드는 까닭으로 굴강무비屈强無比[184] 확고부동의 인간이요, 오늘의 도회인은 다른 사람들이 생산한 기성품만을 소비하는 까닭으로 심지어는 그들의 사무와 쾌락까지도 흔히 타자의 창조에 의뢰하는 까닭으로써 빈상貧相하기 그지없는 무리들이다.

우리들 도회인은 책을 가지고, 키네마[185]를 가지고, 축음기를 가지고 있다. 그리하여 우리는 묵묵히 앉아 그것을 듣고 있기만 하는 것이니, 우리는 실로 듣는 점에 있어서는 위대하다. 그러나 언제나 호흡만 하고 있는 익살맞은 사람들을 우리는 과연 어떤 방법으로 구제하여야 될까?

이제 아무리 세계 기근의 바람이 휩쓸고 있다고 해도 흙을 굳이 밟고, 직접 생산하며, 창조하는 농부는 하나도 두려울 것이 없으니, 말하자면 그들은 참된 존재의 원리 위에 신념 있는 예로부터서의 견고한 생활을 축조築造하고 있기 때문이다.

1947년 8월

---

184 비교할 바 없이 힘이 센
185 cinema 지역 영화관

말하는 그리운 종이-종이송頌

말하는 그리운 종이―말하는 그리운 종이라고 하면 얼른 듣기에 좀 이상스럽고 우스운 듯하나, 사실인즉 결코 그렇지 않다. 종이야말로 말을 청산유수같이 썩 잘할 뿐만 아니라 말을 하되 혹은 과학적으로, 혹은 철학적으로, 혹은 시적으로 온갖 방법을 부려가며 천천히 할 때는 천천히, 급하게 해야 될 때는 급하게, 하여간 여간 유창하게 잘하는 것이 아니기 때문이다.

그러나 이쯤 설명해도 승인할 수 없거든 여러분은 단 한 가지 점, 즉 우리들이 일상 읽고 있는 책이란 물건을 한번 생각해보라. 다시 말할 것 없이 한 권의 책은 말하는 종이들이 여러 장 모여서 된 것이 아닌가. 말을 하는 종이라면 일찍이 소련의 젊은 기사技師 이링이란 이는 여기에 대해서 재미있는 이야기를 우리들에게 제공하고 있다.

옛날에 잔보라고 하는 흑인이 있었다. 그는 그의 고향인 열대 지방으로부터 총을 가진 백색인종인 노예 매매인의 손을 거쳐 바다를 건너고 육지를 지나서 본 일도 들은 일도 없는 큰 석조의 집이 서 있는 어떤 장소에 인도되어 오게 되었다. 잭슨이란 판사가 그의 주인이 된 것이다. 어느 날 판사의 부인이 잔보를 불렀다.

"잔보야, 이걸 주인영감께 갖다 드려라."

이렇게 말하고 주인마님은 그에게 한 개의 바구니와 종이조각을 주었다. 배가 어지간히 고팠던 흑인 잔보는 도중에 맛난 냄새가 무럭무럭 나는 바구니 속을 들여다보는 유혹을 물리칠 수 없었다. 그 속에는 찐 병아리 새끼가 몇 마리 들어 있었다. 이걸 다 판사영감이 잡수실까, 한 마리쯤이야 하고 생각한 그는 길에 앉아서 한 마리만 먹었다.

좋은 기분으로 재판소에 도착하니 판사 영감은 종이를 우선 본 다음에 바구니 속을 들여다보았다. 그리고 다시 한 번 종이를 보고 나서 야단을 쳤다.

"이놈, 한 마리는 어디다 두었느냐?"

잔보는 혼이 나갈 만큼 놀랐다. 이 경을 칠 놈의 종이조각이 내가 한 것을 죄다 보고선 주인께 일러바치는 것이로구나. 그가 그러다 두 번째 다시 주인의 점심을 가지고 가게 되었을 때, 이번엔 주의를 거듭해서 종이조각을 돌 밑에 감춘 다음에 한 마리를 먹었다. 이렇게 하면 종이는 자기가 하는 행동을 볼 수 없으리라고 생각했기 때문이다. 그러나 이 원수의 종이조각은 돌 밑에 깔려 있을 때에도 무슨 재주를 부리는 것인지 잔보의 행동을 보고 전부 판사영감에게 고한 것이다.

글자를 모르는 흑인 잔보에게는 실로 이처럼 말하는 종이는 마술사같이 무서운 것이었으나, 문자의 표현 없이는 하루라도 살 수 없는 문명인에게 종이는 참으로 생활필수품 중에서도 가장 긴요한 것의 하나다. 그런데 그처럼 종이는 이제 극귀極貴한 가운데 있으니, 나는 특히 종이를 불러서 '말하는 그리운 종이'라고 하는 바이다.

해방 전에 한창 술이 귀해져서 추운 겨울에도 줄줄이 열을 짓고 늘어서서 얼음 이상으로 차가운 맥주 한 잔일망정 얻어먹자고 고대하고 섰을 무렵에 우리들 술꾼의 가슴을 뜨겁게 하는 것은 언제나 행복스러운 행인이 얻어 들고 가던 정종일본 전통주의 하나 병이었음을 나는 새삼스레 추억하거니와, 그에 못지않은 흥분과 선망을 요사이 항상 짐수레 위에 실려 가는 종이덩이에서 느끼고 있다.

얼마 전에도 나는 종이가 태산같이 실린 어마어마한 구루마에 소학생들이 꽃에 나비처럼 들러붙어 그것을 만지고 뜯고 하는 것을 보고는 마음이 저절로 무거워지는 것을 금할 수 없었지마는, 누구에게나 필요한 이 말하는 그리운 종이는 갈수록 더욱 그리운 물건이 되어가고 있는 것이다.

그런데 그러한 금같이 귀한 종이가 가령 지나간 총선거 무렵에는 흔한 물처럼 소비된 것 같은데, 필요 이상의 입후보자 선전 광고는 적어도 철 있는 사람의 마음을 슬프게 했으리라고 나는 생각하거니와, 이것만이 아니오, 모든 것에 있어서 그다지 필요하지도 않으며 넉넉히 생략할 수도 있고 절약할 수도 있는 종이의 남용에 대해서 물론 남의 일이라고는 하되 적지 않은 의분까지 느낄 때가 있는 것도 비단 나만이 아니리라.

사실 종이는 우리들이 알고 있는 것 중에서 가장 불가결하고 가장 필수적인 것에 속하고 있는 것이니, 종이는 현재 우리들에게 가장 아름다운 것과 가장 더러운 것에 대한 지식을 제공할 뿐만 아니라, 가장 큰 기쁨과 가장 무거운 괴로움까지를 전달하여 주는 역할을 하고 있는 것이다.

종이 없이 이제 우리는 일시라도 살 수가 없다. 여러분은 일찍이 종이가 없었던 옛 시절을 한 번인들 생각해본 일이 있는가, 즉 종이가 없으므로 해서 아침이면 으레 보는 한 토막의 신문이 없었고, 오늘 같으면 옛 친구에게서 올 수도 있을 터인 반가운 편지 한 장도 물론 없으며, 우리들이 맛있게 피우는 이 손가락 사이의 권연卷煙, 일시에 졸부가 될 수도 있는 저 행운의 추첨권, 지극히도 간편한 지폐와 수표手票 등—그 외에도 낱낱이 들자면 한이 없을 만큼 많은 것이 단 하나인들 없었던 그 무서운, 그 쓸쓸한 옛 시절을 여러분은 한 번이라도 생각해본 일이 있는가?

그렇다, 종이 없이는 이제 우리는 도저히 살 수가 없을 것이니, 우리들이 방 안에 가지고 있는 얼마간의 이 책들, 말하는 종이로 된 이 고금古今의 서적을, 가령 그것을 다른 사람에게 일시에 다 주어 버려야 된다고 한 번 가정해본다면 어떨까. 참으로 생각만 해도 그것은 무시무시한 일이 아니다.

그러므로 종이는 이제 완전히 우리들의 위안과 열락의 대상이 된 것이니, 우울하고 고달픈 시간에 외로이 앉아 우리가 흔히 우리를 위안해주고 즐겁게 해줄 한 권의 책을 손에 잡는다고 해서 무엇이 이상하랴!

파울 에른스트가 일찍이 말한 것 같이 "좋은 서적은 항상 어디든지 우리에게 무엇인지 제공하면서 자신은 어떠한 것도 우리로부터 요구하지 않으며, 서적은 우리가 듣고 싶어 할 때 말해주고, 우리가 피로를 느낄 때 침묵을 지켜주며, 또 서적은 몇 달이나 또 몇 해나 간에 참을성 있게 우리가 오기를 기다려, 그래서 설사 우리가 하다 못해서 다시 그것을 손에 든 때라도 서적은 결코 우리의 감정을 상하는 일을 하지 않고, 흡사 그것은 최초의 그날과 같이 친절히 말해주기" 때문이다.

그래서 이러한 훌륭한 책을 손에 들게 될 때, 어떤 사람은 특히 성서聖書를 취할 것이요, 또 어떤 사람은 한 권의 재미있는 소설을 택하기도 할 것이겠으나, 혹은 이럴 때 어느 사람은 아무것도 쓰이지 않은 깨끗한 눈같이 흰 종이를 꺼내어 자기의 희비애락, 그때의 심회를 그대로 적어서 편지 형식으로 가까운 벗에게 보내기도 할 것이요, 또 어느 사람은 괴로움과 슬픔을 풀기 위해서 시와 노래에 감회를 붙일지도 알 수 없다.

그러나 종이는 이처럼 언제나 우리들의 가까운 벗이 되어 준다고만은 말할 수 없으니, 더러 가다가 보면 종이는 또한 우리들의 성낸 적敵이 되는 때도 없지 않기 때문이다. 우리들에게 한없이 기쁨을 주는 상장이며, 사령장이며, 유명한 서화 대신에 경찰청에서 날아온 호출장, 법정에서 보내온 구속영장, 돈 없어 머리를 싸 동이고 누워 있는데 달겨드는 지불명령서, 채무이행을 요구하는 독촉장 따위도 유감이지만, 종이로 된 것이요, 학생들이 가장 두려워하는 일체의 성적표, 수험 합격자의 통지서가 다 종이다.

아니 그뿐인가. 크게 말하면 모든 국제조약, 모든 선전포고, 모든 강화조약, 저 우리들의 운명을 좌우하게 된 얄타협정이며, 포츠담선언이며, 막부삼상幕府三相 결정서까지도 실은 한 장의 종이에 불과한 것이 아닌가.

사실 이와 같음으로 우리는 다음과 같이 말할 수도 있을 것이다. 우리는 종이와 같이 탄생해서 종이와 같이 죽는다고, 사실이 그런 것이 우리들이 세상에 나오게 되자, 우리는 일주일 이내에 출생계를 해야 되고, 우리가 사망증명서를 제출해야 되기 때문이다. 그래서 이 두 장의 종이 사이에서 우리들의 존재는 살아가는 동안 일견 아무 죄도 없어 보이는 종이에 의해서 기록이 중첩한 운명을 받들게 되는 것이다.

원래는 백설같이 희어서 무색무취 순진무구하기 짝이 없으나, 그 근본이 남루하므로 그런지 그 위에 기록하는 사람의 의지 여하에 따라서는 천하를 진감震撼하게도 되고, 생사여탈의 권세를 쥐어 모든 희비극을 연출시키는 이 말하는 종이, 그 종이가 극히 귀해져서 요새는 가령 신문지의 넓이도 퍽 줄어들었는데, 사람의 습성이란 우스운 것이어서 옛날 신문을 더러 보게 되면 그 큰 신문이 되레 어둡게도 커 보이며 놀랄 만큼 좋은 종이로만 된 전일의 책 중에 어느 것은 내용보다도 종이가 과분하기 때문에 우리로 하여금 애석감을 일으키게 하여 심지어는 지나간 무관한 일에 화까지 나는 경우가 있느니, 궁상도 이렇게 되면 구제할 도리가 없다.

그러한 궁상이 어느 때는 꼭 써야 할 편지까지도 단념시키는 경우를 갖게 한다. 그만한 종이는 있을 법한데 막상 찾고 보면 없다. 많은 아이들이 공책이 궁해서 남겨두지 않기 때문이오, 이 말하는 그리운 종이는 달리 기록을 요구하지 않는 터진 창구멍도 막아야 하고, 더러워진 벽도 발라야 하며, 기타의 용도에도 가지가지로 써야 하는데 종이는 비싸고 마음에 드는 것이 별로 없으므로 당초에 사들이지는 않기 때문이다.

글줄이나 간혹 쓴다고 해서 더러 원고를 청하는 사람들이 있다. 청할 때 원고지를 쓸 만큼 친절히 생각해서 미리 제공하는 편집자보다 원고만 청하는 선생이 더욱 많다. 원고지를 준다고 해서 꼭 쓰게 된다는 법은 아니다. 원고지가 없어서 못 쓰는 경우가 있는 것만은 사실이니, 거리에서 파는 원고지에는 쓸 생각도 나지 않고 또 붓도 잘 돌아가지 않는다.

글씨 못 쓰는 사람의 붓 타령이라면 그만이겠지만, 그러나 종이가 필자에게 주는 영향이 붓같이 이처럼 크리만큼 말하는 그리운 종이의 기근은 심각한 것이다. "조금만 더 기다려 주십시오, 아직 종이를 구하지 못해서요" 하고 출판업을 하시는 선생은 만날 때마다 이런 변명을 하는 것이 버릇이다. 원고를 가져간 지 몇 달이 되는 지 알 수 없다. 원고를 맡은 이상은 귀하고 비싼 종이지만 얼른 구해서 책을 만드는 것이 출판업자의 도리이겠으므로 필자의 사정에는 아무리 호의로 생각해도 냉담하다고 할 수밖에 없다.

출판사와 저작자와의 거리는 이 말하는 그리운 종이의 부족으로 하여 적어도 내 경험에 의하면 차츰차츰 멀어가고 있는 것이 사실이다. 원고가 활발하게 책으로 되어 나오는 데에서만 저자는 용기와 확신을 얻어 다음의 제2 업무에 나아갈 수 있겠거

늘, 초고草稿의 정체는 우리의 출판문화를 항상 그 한계 내에서 벗어나지 못하게 하고 있는 듯 보인다.

또 학교에서 사용되는 교과서의 부족도 물론 큰 문제려니와, 일반 상대의 교양도서의 결핍은 더욱 큰 사회 문제라고 생각한다. 왜냐하면 적어도 교과서류의 발행은 그 영업적 입장에서 모든 출판업자의 일대 관심사가 되어 있기 때문이다. 부족한 종이를 사회 문화적으로 잘 활용하는 좋은 지혜는 오로지 위대한 출판업자의 두뇌와 양심에 기대할 밖에 없다.

그러나 이제 아무리 종이가 귀하다고는 해도 사람은 종이의 낭비자라 할 것이니, 날마다 얼마간의 종이를 버리지 않는 사람이 과연 있을까? 또 아무리 종이가 귀하다고는 해도 매일 이 종이와 접촉하지 않는 사람이 과연 있을까?

우리는 신문을 읽는다. 그런데 신문이라면 종이는 귀하다면서 비슷비슷한 신문이 왜 이다지도 많을까. 길에서 매일 보는 광고며 삐라[186], 전차를 타면 내는 전차표, 하루에도 얼마를 태우는지 모르는 담배, 또 그리고…. 종이는 귀하다고 하지만, 말하는 그리운 종이와의 교섭은 실로 이와 같이 예상 이상으로 많은 것이다.

1953년 10월20일 「생활인의 철학」 선문사

---

186 선전이나 광고 또는 선동하는 글이 담긴 종이쪽지

송춘 頌春[187]

'음악 없이는 인생은 틀린 것'이라고 철학자 니체는 말한 일이 있습니다만, 저는 그를 본떠 한번 말해보고 싶습니다.

"만일 봄이 없다면, 우리 생활은 글렀다"고. 사실이 그렇지 않습니까? 차갑고 추운 삼동三冬을 겪고 난 우리에게 저 따뜻하고 포근한 봄의 은총이 없다면 얼마나 우리네 살림살이는 쓸쓸할는지요?

아니 언제 적 봄이기에 이제 새삼스레 봄을 찬미하는 것이냐 하실 분이 혹시 계실지도 모르나, 이를테면 거지 이상의 아무 것도 아닌 겨울 신세를 지다가 문득 화사한 왕자인 봄을 맞이하게 되면 그때마다 자연 엄청난 감탄사는 입을 치밀고 나오게 되어서, 사실 우리는 매양 봄을 찬송하지 않을 수 없는 것을 어찌합니까?

말하자면 얼어붙는 북국을 쫓고, 온 대지가 쾌활히 지저귀는 새소리와 일제히 해방된 물소리 속에 정열과 탄생의 위대한 전

---

[187] 송(頌)은 원래 공덕을 기리는 글이나 문장을 말함. 여기서는 봄을 노래한다는 뜻

설을 노래하는 봄, 이러한 봄이 우리 앞에 한 걸음 두 걸음 다가올 때, 대체 누가 과연 이 봄의 매력을 거절할 자 있겠습니까? 그러나 어느 해든지 봄은 우리를 가장 안타깝게 합니다. 귀하신 손님네가 그다지 쉽게 우리들의 문을 들어서지 않듯이 봄은 우리를 퍽은 기다리게 하기 때문입니다.

아마도 봄이 차고 있는 시계는 더디 가는 게지요. 올 듯 올 듯 하면서도 봄은 아니 오고, 억센 겨울만 머뭇거릴 때 선뜻 자리를 내주지 않는 겨울만 원망하는 나머지, 우리는 흔히 봄을 기다리는 마음을 잊기조차 합니다.

봄은 그러나 항상 짓궂은 웃음을 띠고 언젠가 하루아침에 갑자기 옵니다. 그래서 벙글벙글 웃고 춤추는 아가씨처럼 가만히 날아드는 봄은 마치 우리가 길에서 멀리 마주쳐 오는 벗을 언뜻 볼 때의 저 일종의 복잡한 감정을 우리로 하여금 맛보게 합니다.

아, 봄! 봄빛은 참으로 어머니의 품속 모양으로 따스하고 보니 누가 그 속에 안기기를 싫어 하리요, 이래서 봄은 방 안에서 오슬오슬 떠는 우리를 은근히 밖으로 잡아끌어내는 것인데, 만물이 춘광에 흠씬 취해 도연陶然한 시간을 가지고 온갖 집이란 집의 뜰 안에 노래가 빛날 때 사람 마음엔들 왜 물이 오르지 않으며, 싹이 트지 아니하며, 꽃이 피니 아니하며, 시詩가 뛰놀지 않겠습니까?

그런데 봄은 대체 왜 그리도 조용합니까? 어디선지 슬피 짖는 개소리가 들려옵니다. 목청껏 우는 어린애 소리도 섞여서 요란히 귀를 울립니다. 부녀자들의 재재거리는 소리, 누구의 한숨 쉬는 소리, 누구의 웃음 치는 소리, 문 여는 소리, 문 닫는 소리, 유창하게 들리는 닭 울음소리… 이러한 온갖 음성이 하나도 빼놓지 않고 밑을 엿볼 수 없는 일종 거대한 정적 속에서 들려오니 참으로 봄의 기운은 이상하지 않습니까? 이 정적은 말하자면 큰 바다에서나 찾을 수 있는, 또는 넓은 들이나 높은 하늘에 있음직한 그런 고요함입니다.

이와 같은 고요함 속에서 그 또한 고요히, 고요히 서로 시각을 다투어 대개는 밤새에 싹은 터져나며 또 싹은 더욱 푸르러지니 참말 놀랍지 않습니까? 봄이 되어 도처에 소리 없이 움직이지 이 맹렬히 싹트는 힘을 볼 때, 우리는 놀라기보다는 그 조화의 섭리에 일종 두려움까지를 느끼지 않을 수 없는 것입니다. 봄은 모든 생명력에 대해서 아까워하지 않는 창조의 시절입니다. 봄은 온갖 생명력에 대해서 일제히 불붙기를 명령하고, 녹아지기를 희망하고, 재생을 허락합니다. 이러한 봄인지라, 여러분은 일찍이 한 번이나 나뭇가지에 귀를 대어보신 일이 있습니까?

이때 여러분은 필경 뿌리에서 솟아오르는 물 힘으로 싹이 바야흐로 터지는 소리를 역력히 들으셨을 줄 압니다. 요만 때 동물원은 하루의 소일거리로 가장 적당한 곳이 아닙니까? 약속한 거와 같이 사람들이 이곳으로 물밀 듯 모여드는 것도 괴이한 일은 아니지요. 따뜻한 봄볕을 받고 봄을 느껴 이리 왔다 저리 갔다 하는 야수의 무리를 오래 보지 않다 보는 것도 한 재미려니와, 특히 못 속에서 오래간만에 참으로 오래간만에 첫 목욕을 하고 있는 오리 떼는 더욱이나 보는 이에게 삼월다운, 너무나 삼월다운 풍경을 보여주어 정취의 깊은 것이 있습니다.

이곳저곳에 다투어 봄을 노래하는 새소리들, 원숭이를 보고 손뼉을 치며 웃는 아이들 소리도 봄 하늘 아래에서는 왜 그리도 명랑하게 들린다는 겁니까? 봄에는 공기가 유달리 밝고 맑은 관계이겠지요, 모든 음성은 마치 전파나 탄 것처럼 멀리 멀리 운반되는 것입니다.

봄이 왔습니다. 이 하늘, 이 대지에 생명의 신비로운 김을 흠뻑 뿜어주는 봄이 왔습니다. 봄은 어디보다도 우리가 살고 있는 동쪽엘 먼저 들르지요. 이 봄을 맞이하여 우리의 가슴에 벅차오르는 생명의 싹트는 소리야말로 새 세기를 창조하는 굵고 억센 기름이 아니고 무엇이겠습니까?

1953년 10월 20일 「생활인의 철학」 선문사

주부송 主婦頌

한 말로 주부라고 해도 우리는 여러 가지 종류의 형체로 꾸민, 말하자면 다모다채多貌多彩한 여인상을 안전眼前에 방불彷彿시킬 수 있겠으나, 이 주부라는 말이 가진 음향으로서 우리가 곧 연상하기 쉬운 것은 뭐라 해도 백설같이 흰 행주치마를 가는 허리에 맵시도 좋게 두른 여자가 아닐까 한다.

그러한 자태의 주부가 대청마루 위를 사뿐사뿐 걷는다든가, 또는 길에서도 찬거리를 사 들고 가는 것을 보게 될 때, 우리는 실로 행주치마를 입은 건전한 주부의 생활미를 한없이 찬탄하여 사랑하며 또 존경하는 자다. "먹는 바, 그것이 사람이다" 하고 일찍이 갈파한 사람은 철학자 루드비히 안더레아스 포에르바하[188]였다.

영양이 인간의 정력과 품위를 결정하는 표준이 된다는 사실

---

[188] Ludwig Andreas Feuerbach(1804-1872) 19세기 독일의 철학자. 그리스도교 및 관념적인 헤겔철학에 대한 비판을 통하여 유물론적인 인간중심의 철학을 제기함

은 우리들 생활인이 일상적으로 경험하는 일에 속하거니와, 우리들의 음식을 요리하는 주부의 청결한 손에 의존하고 있는 정도는 참으로 크다고 아니할 수 없으니, 말하자면 주부는 그 민족의 체력을 담당하는 중요한 지위에 있기 때문이다. 따라서 한 민족의 체력을 담당하고 있는 주부 각자가 만일 도마질에 능숙하지 못하고 좋지 못한 솜씨를 가질 때, 그것은 한 가정의 우울에 그칠 문제가 아닐 것이요, 국가의 영고榮枯에까지 관하는 문제가 될 것이 자명하다.

그리하여 우리는 영양 불량이 재래하는 각종 질환과 악惡결과를 일일이 지적할 필요는 없을 것이다. 사람은 우선 먹어야 되고 또 우리가 먹는다는 것은 결코 헛된 일이 아니므로 싱겁고 무미한 밥상을 제공하는 주부는 여자로서의 제일 조건을 상실한 것이라 말하지 않을 수 없다. 같은 재료의 음식도 주무르는 그 사람의 손에 의하여 그 맛은 좋아지기도 하고 나빠지기도 하는 것은 우리들이 다 잘 아는 사실이니, 주부학主婦學의 제1과가 영양과 요리법에서 시작되는 것임을 적어도 여자는 알아 두어야 할 것이다.

영양은 반드시 좋고 비싼 재료에서만 구해지는 것이 아니다. 건강한 신체를 가진 이상 맛있게 먹기만 하면 되는 것이므로 그 '맛'을 주부는 연구한다는 자세가 필요하며, 전래의 요리법에 부단히 신선한 변화와 생채生彩를 가하도록 명심하고 노력하는 주부야말로 참된 주부라 할 것이다.

그리하여 우리들 생활인이 진심으로 칭송하고자 하는 주부는 국민 경제의 무엇을 이해하고자 자기가 사들이는 외국 상품이 얼마 되지는 않는다 하더라도, 그것이 쌓이고 쌓일 때 국가 경제에 지대한 영향을 끼칠 것을 짐작하는 주부가 아니어서는 아니 될 것은 물론이다.

"우리나라 요리는 언제나 같다"는 비난을 가끔 듣고 있거니와, 만일에 조선의 요리가 조금도 진보를 보이고 있지 않다면 그 대부분의 책임은 두말할 것도 없이 주부들에게 돌아가고 말 것이다. 그러나 간단히 말한다면 우리는 일을 하기 위해 먹어야 될 시장한 사람에게 맛있는 음식을 제공하는 주부의 아름다운 의무를 극구 찬양하는 자다. 이상으로서 우리는 민족의 체력을 담당한 주부의 일면을 보아왔거니와, 다음으로 우리는 먼지를 터는 주부, 바느질하고 걸레질을 하는 주부의 의무를 생각해보고자 한다.

주부는 실로 가족과 가정의 위생에 대한 전 책임을 맡고 있기 때문이다. 이것은 참으로 진부하다면 진부한 말이라 할 수도 있겠으나, 사람이 깨끗이 정한 장소에서 살 수 있다는 것이 작은 기쁨은 아니니 주부가 만일 위생관념이 없어서 제2의 아름다운 의무를 등한시한다면, 우리는 곰팡이와 물것과 세균이 제멋대로 번성하는 음울하고 난잡한 주택 속에서 불결한 공기를 호흡하고 살 수밖에 없을 것이다.

불결이 모든 질병의 원인이 됨을 오늘날 설명할 필요는 없으려니와, 이것이 사상과 도의의 오탁汚濁을 초래하는 계기가 되는 점을 생각할 때, 우리는 위생의 수호자로서 주부의 중대한 사명을 재인식하지 않을 수 없다. 쓸고 닦기 뒷설거지 등은 무릇 천업賤業이요, 누구나 하려면 할 수 있는 일인지도 모른다.

그러나 일과적日課的으로 성의 있는 청소는 주부라야 능히 할 수 있는 것이니 비질 한 가지에도 충분히 그 사람의 온 심성이 유로流露되는 것이기 때문이다. 비를 든 주부의 소박한 미의식 속에는 예상 이상으로 모든 추악한 것, 병적인 것에 대한 치열한 투지가 맥동脈動하고 있는 것이니, 그러므로 주부가 일보를 진進하여 위생의 수호자로서 자기의 좋은 의무를 다하기 위하여서는 약간의 약제학, 예방의학, 가정의학 등의 지식까지도 알고 있지 않아서는 아니 된다.

우리는 소위 백의의 민족이요, 특히 부인들의 정백淨白한 의복은 언제나 외국인의 주목을 끌고 있거니와, 주택 내외의 청소도 그처럼 완전한가 하면 이것은 곧 누구나 수긍하기 어려울 것이다. 일찍이 독일의 화학자 유스턴스 본 리비히는 "그 민족의 위생 상태는 석감石鹼의 연 소비량에 의하여 측정될 수 있다"고 말하였다. 확실히 우리 겨레만큼 세탁에 분망한 민족은 세계에 그 유례가 없을 것이다. 그러한 수일秀逸한 결벽성이 주부의 손을 통하여 모든 다른 부면部面에 있어서도 실천되기를 우리는 심원心願한다.

여자의 생명은 아름다운 얼굴에 있기보다도 깨끗함을 사랑하는 그 마음에 있다. 빨래를 하는 표모漂母, 비질을 하는 청소녀淸掃女, 그것은 얼마나 아름다운 일폭一幅의 청신한 생활화生活畵인가! 영양의 여왕이요, 위생의 수호자로서 주부의 제3의 천직은 두말할 것 없이 손에 바느질을 들며 혹은 재봉틀 앞에 좌정座定한다는 것이니, 의복에 대한 책임 또한 주부의 소관에 속하는 것이다.

옛날에 주부는 베틀을 돌려 실을 자아내며 길쌈을 하기에 자못 분망하였다. 다행히 오늘의 기계 문명은 주부에게 이 크나큰 업무를 하지 않아도 좋도록 하여 주고 있다. 그리하여 남자는 대개 양복을 입고, 아이들까지도 기성복을 사서 입으면 되는 생활을 현재는 하고 있는 까닭으로 의衣생활에 있어서의 주부의 임무는 적지 아니 경감된 것이 사실이나, 그렇다고 해도 의복의 수호자로서의 책임은 결국 영원히 주부에게 남아 있는 것이다.

즉 떨어진 옷을 꿰매고, 헌 옷을 줄이기도 하며 키우기도 하여 철이면 철 따라 장만해둔 옷가지를 내고 넣고 하는 일이 주부에게는 남아 있는 것이니, "의복이 사람을 만든다"는 저 유명한 말 속에 나타난 사회심리학적 의식을 적어도 주부는 일시라도 망각함 없이 가족 각원各員의 이상적 형식미에 항상 유의하는 바가 있지 않아서는 아니 된다.

그렇다고 해서 이것을 호사를 권하는 말로 해석해서는 아니 되나니, 뚜덕뚜덕[189] 기운 아이들의 꿰매진 헌 옷가지 하나에서도 그것이 보는 눈에 정결하기만 하면 우리는 그 어머니의 정성과 애정과 결백과 절제와 고심과 기교와 검소, 이 모든 고덕高德을 그곳에서 넉넉히 느낄 수 있으며, 또 가령 누구나 금전으로 살 수 있는 새 비단 양말보다는 바늘로 겹겹이 수놓은 면말綿襪[190]의 뒤꿈치에서 우리는 진심으로 그 주인의 행복과 아울러 경건한 생활감을 만끽할 수 있는 까닭이오, 다름 아니라 그것이 곧 생활인이 사랑하는 참 되고 존절拵節[191]한 생활이기 때문이다.

헌 옷이 있어야 새 옷이 있다는 말뜻을 모르며, 꿰매고 깁기에 태만한 여자는 옳은 주부라고 할 수 없으리니, 그러므로 응당 바느질 실을 든 주부의 손 위에는 전민족의 감사에 넘치는 입맞춤이 비같이 쏟아져야 될 것이다.

---

189 누덕누덕
190 면양말
191 절약하여 쓰다

나날이 닥치는 생활고를 그들을 위하여 사랑과 웃음으로 가볍게 극복하고 씩씩하게, 건전하게 그리고 행복하게 살아가는 주부의 강인한 생활력보다 더욱 신성한 것이 과연 이 세상에 다시 있을까. 우리들 생활인의 아름다운 반려요, 생활인의 충실한 수호자인 주부를 한없이 예찬하려 한다.

사람을 찾아 그 가정에 척 들어서게 되었을 때, 그 집의 여주인공을 보지 않고도 우리를 일시에 포위하는 명랑한 광선과 유쾌한 공기, 그 명암상明暗相과 농도의 여하에 의하여 우리는 곧 그 집을 다스리는 주부의 사람됨을 감촉할 수 있는 것이니 집 안에 놓인 세간살이의 배치 한 가지에도 주장되는 주부의 신경과 마음과 배려의 얼마나 세밀하며 또 조잡함을 능히 간파할 수 있기 때문이다.

놓일 자리에 놓인 푹신한 안락의자, 적당하게 광선을 조절하여 기분 좋게 드리워진 시원하고 깨끗한 커튼, 창가에 얹힌 화병 속의 청초한 꽃송이, 눈에 띄는 한 가지 한 가지가 다 우리를 가벼운 행복감에 취하게 하는 가정이란 있는 것이니, 원래 가정은 그 가정 자체, 남편과 여자를 위하여서만 있는 것이어서는 아니 될 것이요, 그곳에 연결되는 모든 사람들과 공동생활을 위하여서도 응당 있어야 될 영혼의 고요하고 아늑한 고향이기 때문이다.

그러므로 우리는 공동생활에는 없지 못할 사교의 중심점이 되고 또 되어야 하는 자기의 자랑스러운 의무를 인식하고 이행하는 주부를 진심으로 존경한다. 사실상 한 주부의 변함없이 친절하고 우아한 접대가 주위에 있는 많은 사람들에게 주는 희망과 신념과 감동과 만족과 영향은 의외로 큰 것이며, 소위 '성화聖火'를 간직하는 주방의 수호자인 아름다운 주부가 정성으로 제공하는 한 잔의 따뜻한 차, 몇 잔의 향기로운 술, 한 상의 맛있는 음식은 참으로 우리와 우리들의 고달프고 괴로운 생활을 얼마나 위로해 주며 즐겁게 하여 주는지 알 수 없는 것이다. 거듭 말하거니와, 우리들 생활인은 우선 행주치마를 허리에 두른 믿음직스럽고 건강한 주부의 생활미를 한없이 찬탄하며 사랑하며 또 존경하는 자이니, 여자의 첫째 자격은 실로 다름 아니라 그가 입은 행주치마에서 시작되는 까닭이다.

이제 우리는 신생 대한大韓, 새 나라의 새 살림을 맡는 주부들의 사명은 참으로 얼마나 거룩한가!

1953년 10월 20일 『생활인의 철학』 선문사

허언虛言의 윤리

우리는 거짓말을 해서는 안 된다고 어려서부터 늘 배워도 왔고 또 지금에 와서는 이 교훈을 직접 전하는 자리에 서게 되었다. 그러나 엄밀히 말하면 이것은 실로 무모한 설교라고 하지 않을 수 없으니 왜 그러냐 하면 일찍이 거짓말을 해본 일이 없는 사람은 아마도 없을 것이며, 우리는 의식적으로 혹은 무의식적으로 자타自他를 기만하기도 하고 또는 연민의 정과 비열한 마음에서 부득이 허언을 토吐하기도 하며, 혹은 자기를 곤란한 경우에서보담 간단하게 구하기 위하여 또는 다른 사람에게 욕을 보이지 않도록 하기 위하여 어느 때는 자기의 활발한 공상을 만족시키고자 하는 마음에서 내지는 거짓말을 하는 것이 윤리 도덕, 예의염치가 되는 일이 우리들의 사회생활 속에서는 결코 적지 않으므로 말하자면 사교적 입장에서 직언을 피하고 의식적으로 거짓말을 하기도 하는 것이기 때문이다.

사실상 사람과 사람의 대면에 있어서는 이 허언의 요소는 예상 이상으로 중대한 역할을 하는 것이니 일체의 외교는 허언과

기만을 토대로 삼지 않고서는 성립할 수 없다고 하여도 과언이 아니다. 그러므로 일상생활에 있어서도 우리들이 경험하는 것은 진실의 세계가 허구의 제국帝國보담 비할 수 없이 협애狹隘하다는 사실이다. 세상도 세상이 아닌가, 감히 이런 세상에 처하여 우리는 아직도 아이들에게 거짓말을 말라는 소박한 도덕적 교리를 고취해야 옳을 것인가?

아니다, 나의 견해에 의하면 이 교리처럼 위험천만의 교리는 없는 것이다. 거짓말이 방편이 될 때는 한이 없이 많은 것이니 사람이 원래 우직하여 거짓말을 응당 해야만 될 자리에 거짓말을 못하고 거짓말을 못했기 때문에 의외의 손실을 초래하게 되는 일이 이런 세상에서는 실로 비일비재이기 때문이다. 만연漫然히 도덕적 개념을 주입하는 것의 무의미, 세상의 현실적 진실을 보이고 가르침이 참된 윤리요, 참된 교육이다. 그러므로 나는 내 자질子姪을 향하여 단연히, 또 결연히 거짓말을 말라고 엄달嚴達할 용기가 없음을 항상 느낀다. 나는 오직 그들이 죽은 교리에서 차라리 해방되어 적절히, 요령 있게, 조화를 잃음이 없이 커가고 자라감을 진심으로 염원할 따름이다.

다시 말할 것도 없이 허언이란 진실하지 않은 주장을 말한다. 그러면 진실하지 않다는 것은 무엇을 말하는가? 내가 오늘이 7월 21일임을 주장할 때 이곳에서는 그것은 물론 진실이려니와,

러시아에서는 그것은 진실이 아니요 허언이다. 러시아에서는 오늘은 7월 9일이기 때문이다. 내가 지금은 아침 아홉 시라고 말할 때 이 시간에 가령 미국의 모든 시계는 밤 몇 시를 가르치고 있을 것이다. 이러한 사실은 간단히 말하면, 수학적 진실 이외에 모든 것에 타당하는 보편적 진리란 이 세상에 있을 수 없다는 것을 말하는 것이다.

서기 1490년에 이르기까지는 이 세상에는 3대륙밖에 없었던 것이 그 후 문득 5대주로 늘게 되었다. 피타고라스의 시대까지 이 지구는 타원형이었던 것이 이제 와서는 원형체가 되었으며 서기 1500년대까지는 태양이 지구의 주위를 회전하였던 것이나 코페르니쿠스 이래로 그 반대가 되게 되었다. 이제 우리들의 상식은 지구가 태양의 주위를 회전하는 것으로 되어 있다. 중세기의 여러 과학서에는 일각수—角獸라든가 패검佩劍한 혜성彗星등의 괴이물怪異物이 극명히 모사模寫되어 있고 서술되어 있으며 스웨덴의 박물학자 리네우스의 창세기만 보더라도 거기는 화석 작용물이 신의 기적으로 설명되어 있는 것을 볼 수 있는데 불란서의 프레데릭 퀴비에 의하여 비로소 그것이 원시동물의 화석체임이 판명된 것이다. 이러한 과학적 오류의 정정을 우리는 소위 '진보'라는 말로서 호칭하거니와 물론 인류는 부단히 진보하고 있는 것이 사실이라 할지라도 괴테의 말마따나 "사람은 살고 노력하는 동안 미오迷悟[192]하는 것"이므로 논리적 견지에서 관찰할 때 금일의 진리가 명일의 허위가 될 것은 필정必定의 사실이라 하지 않을 수 없으니 과학적 영역에 있어서의 진리의 탐구라는 것도 생각하면 심히 의아스러운 것이라 하겠다.

과학적 영역에서만이 아니요 예술의 영역에 있어서도 문제는 역연亦然하여 제반 예술에 있어서는 허언은 절대적인 여왕의 세력을 갖는 것이니 예술에 대한 의지는 진리에 대한 공포의 의지이기 때문이다. 말하자면 예술은 허위의 최고학파라고 할 것이니, 예술은 이상화理想化함으로써 거짓말을 해야 되고 종합함으로써 거짓말을 해야 된다. 그뿐이랴! 감각은 거짓된 것을 반영함으로써 거짓말을 하게 되며, 도덕은 이상적 상태를 일반화시킴으로써 거짓말을 하게 되며, 유행은 인간의 사회적 개인적 차이성을 만착瞞着[193]함으로써 거짓말을 하게 되며, 많은 동물은 그 고유의 의태擬態와 보호색을 가지고 그가 그 아닌 듯이 가식함으로써 거짓말을 하게 된다. 이리하여 일언으로 말한다면 전 세계는 사실상 하나의 만착 위에 축조되어 있는 것이다.

사태가 이러함에도 불구하고 우리는 오직 거짓말을 배제하기에 전심 노력하여야 될 것인가? 그러므로 "그러나 우리에게 거짓

---

192 미혹과 깨달음
193 남의 눈을 속임

말은 필요하다"고 일찍이 현명한 인생철학자 프리드리히 니체는 말한 일이 있다. "이 현실, 이 진리를 극복하기 위하여, 즉 다시 말하면 살기 위하여 거짓말은 우리에게 필요하다"고….

사실이 그렇다면 거짓말을 말라는 단순한 교리보다는 살기 위하여 필요불가결한 허언의 윤리를 교시敎示함이 차라리 자녀 교육의 중요한 제1과가 아니 될 수 없다. 그러나 이 생활의 지혜를 누가 잘 어린 머릿속에 주입할 수 있을까? 그러므로 나는 오직 앞서도 말한 바와 같이 아이들이 거짓말을 해서는 안 된다는 죽은 교리에서 차라리 해방되어 적절히, 요령 있게 조화를 잃음이 없이 커가고 자라 가기를 마음속으로 염원할 따름이다.

1953년 10월 20일 『생활인의 철학』 선문사

생활인의 철학

철학은 철학자의 전유물인 것처럼 생각하고 있는 사람들이 많이 있다. 그러나 그렇게 생각하는 것도 결코 무리한 일은 아니니 왜냐하면 그만큼 철학은 오늘날 그 본래의 사명, 사람에게 인생의 의의와 인생의 지식을 교시하려 하는 의도를 거의 방기放棄하여 버렸고, 철학자는 속세와 절연하고 관외關外에 은둔하여 고일高逸한 고독경에서 자기의 담론에만 오로지 경청하고 있기 때문이다. 이와 같이 철학과 철학자가 생활의 지각을 완전히 상실하여 버렸다는 것은 참으로 슬픈 일이다. 그러므로 생활 속에서 부단히 인생의 예지를 추구하는 현대 중국의 양식良識의 철학자 임어당林語堂이 일찍이 "내가 임마누엘 칸트를 읽지 않은 이유는 간단하다. 석 장 이상 더 읽을 수 있었을 적이 없기 때문이다"하고 말했을 때, 이 말은 논리적 사고가 과도의 발달을 성수成遂하고[194] 전문적 어법語法이 극도로 분화한 필연의 결과로써 철학이 정치 경제보다도 훨씬 후면에 퇴거되어 평상인은 조금

---

[194] 이루고

도 양심의 가책을 느끼지 않고 철학의 측면을 통과하고 있는 현대 문명의 기묘한 현상을 지적한 것으로서 사실상 오늘에 있어서는 교육이 있는 사람들도 대개는 철학이 있으나 없으나 별로 상관이 없는 대표적 과제가 되어 있는 것을 부정하기는 어렵다.

그러나 나는 물론 여기서 소위 사변적, 논리적, 학문적 철학자의 철학을 비난 공격하는 것이 목적이 아니다. 나는 오직 이러한 체계적인 철학에 대하여 인생의 지식이 되는 철학을 유지하여 주는 현철賢哲한 일군一群의 철학자가 있었던 것을 알고 있으며, 그러한 의미에서 철학자만이 철학을 가지고 있는 것이 아니요, 어느 정도로 인간적 통찰력과 사물에 대한 판단력을 가지고 있는 이상 모든 생활인은 그 특유의 인생관, 세계관, 즉 통속적 의미에서의 철학을 가질 수 있다는 것을 다음에 말하고자 함에 불과하다.

철학자에게 철학이 필요한 것과 같이 속인에게도 철학은 필요하다. 왜 그러냐 하면 한 가지 물건을 사는 데에 그 사람의 취미가 나타나는 것과 같이, 친구를 선택하는데 있어서도 그 사람의 세계관, 즉 철학은 개재되어야 할 것이며, 자기의 직업을 결정하는 경우에도 그 근본적 계기가 되는 것은 물론 그 사람의 인생관이 아니어서는 아니 되겠기 때문이다. 가령 우리들이 결혼이라는 것을 한 번 생각해볼 때, 일一남자로서 혹은 일一여자로서 상대자를 물색함에 제際하여 실로 철학은 우리들이 상상할 수 있기보다는 훨씬 많이 지배적인 결정적인 역할을 하게 됨을 알 수 있을 것이다. 우리들이 어떠한 방식으로 생활을 설계하느냐 하는 것도 결국은 넓은 의미에서 우리들이 부지不知 중에 채택한 철학에 의거하여 실행하게 되는 것이다. 우리들이 생활권 내에서 취하게 되는 모든 행동의 근저에는 일반적으로 미학적 내지 논리적 가치의식이 횡재橫在하여 있는 것이니, 생활인의 모든 행동은 반드시 어느 종류의 의미와 목적에 대한 관념을 내포하고 있다. 모든 사람은 소위 이상이라는 것을 가지고 있고, 그러한 이상이 각 사람의 행동과 운명의 척도가 되고 목표가 되는 것은 물론이려니와, 이상이란 요컨대 그 사람의 철학적 관점을 말하는 것이며 그 사람의 일반적 세계관과 인생관에서 온 규범의 파생체派生體를 말하는 것이다.

"내 마음이 선택의 주인공이 된 이래 그것이 그대를 천 사람 속에서 추려내었다"고 햄릿트는 그의 우인友人 호래쇼에게 말하였다. 확실히 우인의 선택은 임의로운 의지적 행동이라고 하나, 그것은 인생철학에 기초를 두는 한 이상의 지배를 받지 않을 수 없는 것이다. 햄릿트는 그에 대하여 가치가 있는 인격체이며, 천지지간 만물에 대한 이해력을 가지고 있으며, 그리하여 이 인생 생활을 저 천재적이나 극히 불우한 덴마크의 공자公子보다도 그 근본에 있어서 보다 잘 통어通御할 줄을 아는 까닭으로 호래쇼를 우인으로서 택한 것이다. 비단 이뿐이 아니요, 모든 종류의 심의활동心意活動[195]은 가치관의 지도를 받아가며 부단히 그리고 결정적으로 그 운명을 형성하여가는 것이니, 적어도 동물적 생활의 우매성을 초극한 모든 사람은 좋든 굿든 일의 철학을 갖는 것이다. 사람은 대개 이 인생에 대하여 무엇을 요구해야 할까를 알며, 그의 염원이 어느 정도로 당위와 일치하며, 혹은 배치背馳될지를 아는 것이니 이것은 실로 사람이 인간생활의 의의에 대하여 사유하는 능력을 갖기 때문에 오직 가능할 수 있는 것이다.

두 말할 것 없이 생활철학은 우주철학의 일부분으로서 통상적인 생활인과 전문적인 철학자와의 세계관 사이에는 말하자면 소크라테스와 트라지엔의 목양자牧羊者[196]의 사이에 볼 수 있는 것과 같은 현저한 구별과 거리가 있을 것은 물론이나, 많은 문제에 대하여 그 특유의 견해를 갖는 점에서는 동일한 철학자인 것이다.

나는 흔히 철학자에게서 생활에 대한 예지의 부족을 인식하고 크게 놀라는 반면에는 농산어촌農山漁村의 백성 또는 일개

---

195 마음과 뜻으로 하는 활동
196 목동

의 부녀자에게 철학적인 달관을 발견하여 깊이 머리를 숙이는 일이 불소不少함을 알고 있다. 생활인으로서의 나에게는 필부필부匹夫匹婦의 생활 체험에서 우러난 소박 진실한 인식이 고명한 철학자의 난해한 칠봉인七封印의 서書[197]보다는 훨씬 맛이 있다는 것을 고백하지 않을 수 없다. 원래 현실적 정세를 파악하고 투시하는 예민한 감각과 명확한 사고력은 혹종의 여자에 있어서 보담 발달되어 있으므로 나는 흔히 현실을 말하고 생활을 하소연하는 부녀자의 아름다운 음성에 경청하여 그 가운데서 또한 많은 가지가지의 생활철학을 발견하는 열락悅樂은 결코 적은 것이 아니다.

하나의 좋은 경구는 한 권의 담론서보다 나은 것이다. 그리하여 언제나 인생의 지식인 철학의 진의를 전승하는 현철賢哲이 존재한다는 것은 고마운 일이다. 그래서 이러한 무명의 현철은 사실상 많은 생활인의 머릿속에 숨어 있는 것이다. 생활의 예지 이것이 곧 생활인의 귀중한 철학이다.

1953년 10월 20일 「생활인의 철학」 선문사

---

[197] 볼 수 없도록 일곱 번이나 봉인을 찍은 책. 이해하기 어려운 난해한 책

인생은 아름다운가?

인생은 그다지도 아름다운가? 우리가 학교를 다닐 때라든가, 또는 학교를 졸업할 임시라든가, 엄밀한 의미에서 인생은 시작하기 전, 말하자면 우리가 아직 인생의 문전에 서 있을 적으로 말하면, 이 인생은 말할 수 없이 아름다운 것이라고 우리는 생각하기가 쉽다.

우리 주위에는 우리가 아직 맛보지는 못했으나 필경 얼마든지 경험할 수 있을 터인 풍만하고 거대하고 복잡하고 다채로운 현실생활이 오직 제멋대로 복작거리고 있을 뿐이요, 청년 학도로서의 우리는 이러한 요량할 수 없는 개관의 일대 현실에 대해서 오직 하나의 장엄한 가능의 세계만을 상정하기 때문이다.

이래서 직접 우리들 손으로 그 어떤 부분도 분석된 일이 없고, 어떤 구석과도 우리 자신이 충돌된 일이 없는 이 세계는 그 자체로서 얼마나 아름다운지 알 수 없는 것이다. 그래서 이러한 현실의 세계를 가능의 세계로 가정하고 있는 우리가 여기서 흔히 생각하기 쉬운 것은 가령 한없이 큰 부귀와 공명이요, 한없이 달콤한 연애요, 향락이요, 행복 이외의 아무것도 아니다. 우리의 마음속에서, 그리고 바라는 바와 같이 실제에 있어서 이중의 단 한 가지 원망일지라도 만일에 실현될 수 있다면야, 물론 우리 인생은 진실로 아름다운 것일지도 알 수 없다.

그러나 우리가 한 번 인생의 문턱을 넘어서게 되면 불행히도, 흔히 이 모든 아름다운 원망은 실로 헛된 것이오, 어리석은 것임을 드디어 깨닫고야 말게 되는 것이니, 왜 그런가 하면 첫째로 우리는 졸업장을 굳이 두 손에 쥐었으므로 학교를 졸업했다 할 수 있을지 모르지만, 사실은 어떠냐 하면 우리 사회에서야말로 엄혹한 교육이 시작되는 것을 간과할 수 없기 때문이다.

항상 언제든지 우리의 몸으로 극복되어야 할 새로운 교재는 우리의 목전을 떠나지 않는 것이며, 항상 언제든지 증오할 의무는 우리를 시달리게 하는 것이며, 항상 언제든지 해결될 수 없는 곤란한 문제는 우리의 두통거리가 되는 것이며, 이 위에 또한 억울하기 짝이 없는 것은 뭐니 뭐니 해도 저 얼토당토않은 많은 형벌이 아니면 아니 된다.

그래서 우리의 모든 안강安康과 진전과 성공이 조금도 이해할 수 없는 속진俗塵의 세평世評과 긴밀히 연결되어 있음을 경험하게 될 때, 또는 아무 통고도 없이, 그러므로 아무 준비도 없는데, 혹은 가까운 날에 혹은 먼 뒷날에 졸지에 괴이한 시련이 우리

백설부 215

를 위할 때, 우리가 학교를 다니던 때 그렇게도 몸서리를 낸 기하·대수의 여러 문제와 화학방정식을 이것과 비교해서 생각할 여유조차 없는 것이니, 이러한 때에 우리들이 오직 생각할 수 있는 것은 저 친절한 교사의 얼굴이 아니요, 그것은 우리의 궁극을 건져주는 최후의 방법, 자살의 위안이다.

그 뿐만이 아니다. 둘째로 현실생활은 현재의 우리를 중심으로 삼고, 우리의 주위에서 영위되는 것은 아니다. 그것은 항상 언제든지 우리들 곁에서, 그렇지 않으면 미래 혹은 과거 속에서 영위되는 것이니, 많은 경우에 있어서 우리는 내일은 꼭 그렇게 되겠지 하고 믿는 것이며, 어제는 참 재미있었다 하고 우리는 지난 일을 연고로 그 방향芳香을 잊을 수 없는 것이다.

그래서 우리 인생은 마치 축제일을 위하여 준비해 놓은, 혹은 그것이 끝났으므로 거두어버린 성찬盛饌의 상과도 같다 할 수 있으나, 어떻게 되었든 우리가 젓갈을 댈 수가 없음은 매양 일반이요, 또한 그 방순芳醇한 향기에 머리가 어찔하고 창자가 울되 결코 마실 수 없는 술과도 같다 할 수 있으니, 한 번인들 배를 불릴 수 없고, 한 번인들 취해볼 수 없음이 진실한 자태라면 얼마나 섭섭한 일이냐!

간혹 우리는 맛볼 수 없는 이 성찬, 마실 수 없는 이 방주芳酒를 입술에 대고 있는 사람이 있음을 보기는 하지만, 결코 일찍이 한 번도 우리는 우리 자신의 입 안에 그것을 넣어보지는 못한 것이다.

비단 그뿐이랴! 셋째로, 인생의 은총이 우리에 대하여 후厚할 때, 우리가 바라는 원망이 충족되는 일이 물론 없지 않다. 그러나 그때 우리의 원망의 하나는 물론, 둘은 셋으로 하나씩 서서히 충족되는 일이란 극히 희귀하고, 모든 원망은 일제 사격적으로 몰려서 충족되는데, 반드시 그것은 불길한 시간을 택하여 오며, 그것은 염기厭忌할 반수伴隨 198현상 밑에 채워지는 것이다.

이리하여 인생이란 모든 어음을 지불하기는 하되 기한을 지키지 않는 채무자라 할 수밖에 없다. 그래서 인생은 우리에게 우리의 소원을 풀어주되, 마치 우리가 진심으로 기다리는 애인을 우리의 외출한 순간에 오게 하는 그러한 방법을 가지고 풀어주며, 혹은 그때 우리의 애인은 복면을 하고 와서 우리가 그이를 식별해보기 전에 가 버리게 하는 그러한 방법을 가지고 풀어주는 것이다.

실로 사랑은 우리가 집도 절도 가지지 못할 때 흔히 오며, 재화는 지악至惡한 사회에서만 몰리고, 영예는 사후에야 비로소 우리를 찾는다. 이리하여 인생은 흔히 우리가 생각하고 있는 그것같이 되는 듯 보이면서도, 사실 그 결말에 당하고 보면 전연

---

198 윗사람이 가는 곳을 짝이 되어 따르는

다른 괴물이 우리를 놀라게 하는 요술사 이외의 아무것도 아닌 것이다. 그러나 그럼에도 불구하고 우리는 인생을 아름답다고 한다. 우리는 우리가 존재하는 것의 참된 의미를 고량考量함 없이 무조건하고 맹목적으로 인생은 아름다운 것이라고 한다. 진실로 어리석은 찬탄이다.

물론 우리가 영원히 온순한 인종忍從의 정신을 가지고 인생 그것에 순종하여 그의 각박한 의지에 자기의 몸을 맡길 때, 즉 다시 말하면 우리가 인생 그것으로부터 조금인들 받음이 없음에도 불구하고 인생을 열렬히 사랑할 때 인생이 아름다운 것은 정한 이치이겠기 때문이다. 그러나 비단 인생뿐이랴! 우리가 그것을 사랑할 때, 대체 이 세상에 아름답지 않은 무엇이 있느냐! 심지어 개 대가리일지라도 사랑에 심혼을 빼앗긴 자의 눈에는 숭고한 천사로 보일 것은 물론이기 때문이다.

그러나 여기서 우리가 사랑 그것이 이미 인생생활, 강화되고 집중된 인생생활 이외의 아무 것도 아니라는 사실을 한 번 생각해본다면, 무조건하고 인생을 사랑하는 자는 실로 자기의 맹목을 천하에 증명하는 자임을 우리는 용이하게 추측할 수가 있는 것이니, 특히 우리들의 불우한 생활자에 있어서는 인생은 결코 아름다운 것이 아니다. 여하한 체관諦觀의 철학을 여기에 가지고 오고, 여하한 신앙의 종교를 이곳에 가지고 와도 아름답지 않은 인생을 우리는 아름답다 할 수는 없는 일이니, 우리의 모든 비극은 이곳에서 시작되고 이곳에서 종결된다.

과연 그렇다면 우리는 이 영원의 비극을 가지고 장차 어떻게 하려는 것이며, 또 어디로 가려는 것인가? 알지 못하는 힘인 동시에 알 수 없는 힘이여! 우리는 진실로 어디서 '사는 힘'을 얻고 있는 것인가? 이와 같이 원래 아름답지 못한 인생을 아름답게 사는 삶에는 '사는 힘' 이외에 가지가지의 생활 기교가 필요하니, 가로되 쾌활, 달관, 양식, 양지良智, 교양, 현명, 정애情愛, 건전, 향락 등은 각기 한 개 한 개의 그에 속할 좋은 요소라 할까?

실로 사람이 사람답게 되자면, 즉 영롱한 인생이 되자면 많은 인생 공부가 필요한 것이다.

1938년 1월 「삼천리문학」

우리를 슬프게 하는 것들

안톤 슈낙[199]·김진섭 옮김

울음 우는 아이들은 우리를 슬프게 한다. 정원 한편 구석에서 발견된 소조小鳥의 시체 위에 초추初秋의 양광陽光이 떨어져 있을 때, 대체로 가을은 우리를 슬프게 한다. 그래서 가을날 비는 처량히 내리고, 그리운 이의 인적人跡은 끊어져 거의 일주간이나 혼자 있게 될 때. 아무도 살지 않는 옛 궁성, 그래서 벽에서는 흙뭉치가 떨어지고, 일창비一窓扉[200]의 삭은 나무 위에 '아이세여 나는 너를 사랑한다…'는 거의 판독判讀하기 어려운 문자를 볼 때, 몇 해고 몇 해고 지난 후에, 문득 돌아가신 아버지의 편지가 발견될 때. 그곳에 씌었으되, "나의 사랑하는 아들

---

[199] Anton Schinack(1892-1973) 독일 표현주의 작가. 1892년 독일 프랑켄 지방 리넥에서 태어남. 뮌헨에서 문학, 음악, 철학 등을 공부. 오랫동안 신문기자와 신문 문예란의 편집장으로 활동. 세계일주 여행을 한 적이 있으며 두 차례의 세계대전에 참전, 1945년 종전과 함께 미국의 포로에서 풀려나 마인 강변에 있는 칼시(市)에서 작가로서 만년을 보냄. 특히 장르에 관계없이 주로 일상생활의 주변에서 얻은 서정성이 강한 소재의 작품을 씀. 독일에서는 짧은 산문의 대가로 알려져 있음. 김진섭은 안톤 슈낙의 수필인 이 작품을 최초로 번역 수필집 『생활인의 철학』(1949) 맨 앞에 실었음
[200] 창문

이여, 너의 소행이 내게 얼마나 많은 불면의 밤을 가져오게 했는가…" 대체 나의 소행이란 무엇이었던가? 혹은 하나의 연애사건 혹은 하나의 허언虛言, 혹은 하나의 치희稚戲, 이제는 벌써 그 많은 죄상을 기억 속에 찾을 바이 없다. 그러나 아버지는 그 때문에 애를 태우신 것이다. 동물원에 잡힌 범의 불안, 초조가 또한 우리를 슬프게 한다. 철책가를 그는 언제 보아도 왔다 갔다 한다. 그의 빛나는 눈, 그의 무서운 분노, 그의 괴로운 부르짖음, 그의 앞발의 한없는 절망, 그의 미친 듯한 순환, 이것이 우리를 말할 수 없이 슬프게 한다. '횔덴린[201]'의 시장詩章. '아이헨도르프[202]'의 가곡歌曲. 고구故舊[203]를 만날 때. 학창시대의 동무 집을 심방尋訪하였을 때. 그리하여 그가 이제는 일의 고관대작이오, 혹은 돈이 많은 공장주의 몸으로서, 우리가 몽롱하고 우울한 언어를 조종하는 한 시인밖에 못 되었다는 이유에서 우리에게 손을 주기는 하나, 그러나 벌써 우리를 알아보려 하지 않는 듯한 태도를 취하는 것같이 보일 때. 포수의 총부리 앞에 죽어 가는 사슴의 눈초리. 자스민의 향기, 이것은 항상 나에게 창 앞에 한 개의 노수老樹가 선 내 고향을 생각하게 한다. 공원에서 들려오는 고요한 음악. 그것은 꿈같이 아름다운 여름밤에, 모

---

201 F. Holderlin(1770~1843) 독일의 시인
202 Joseph Freiherr von Eichendorff(1788-1857) 독일 낭만주의 서정시인·소설가
203 옛 친구

래자갈을 고요히 밟고 지나가는 사람 사람의 발자국 소리가 들리고, 한 곡절曲折의 쾌활한 소성笑聲은 귀를 간질이는데, 그러나 당신은 벌써 근 열흘이나 침울한 병실에 누워있는 몸이 되었을 때. 달아나는 기차가 또한 우리를 슬프게 한다. 그것은 황혼의 밤이 되려 하는 즈음에, 불을 밝힌 창들이 유령의 무리같이 시끄럽게 지나가고, 어떤 어여쁜 여자의 얼굴이 창가에 은은히 웃고 있을 때. 찬란하고도 은성殷盛[204]한 가면무도회에서 돌아왔을 때. 대의원 제씨諸氏의 강연집을 읽을 때. 부드러운 아침 공기가 가늘고 소리 없는 비를 희롱할 때. 애인이 배우와 인사할 때. 공동묘지를 지나갈 때. 그리하여 문득,「여기 십오十五의 약년弱年으로 세상을 떠난 소녀 클라라는 누워있음」이라 쓴 묘표墓標를 읽을 때. 아, 그는 어렸을 적의 단짝 동무의 한 사람. 날이면 날마다 항상 언제나 도회의 집과 집의 흥미 없는 등걸만 보고 사는 시커먼 냇물. 많은 교사들에 대한 추억. 수학교과서. 오랫동안 애인으로부터 편지가 아니 올 때. 그는 병이나 아닐까? 혹은 그 편지는 다른 남자의 손에 잘못 가서 그는 지금 동경과 애정에 넘치는 모든 언구言句를 웃으면서 읽고 있지나 않는가? 혹은 애인의 심장이 화석化石한 것일까? 혹은 그는 이러한 봄밤을 다른

---

[204] 번화하고 화려한

어떤 남자와의 산보에 공供[205]하여 향락하고 있는 것은 아닐까? 첫 길인 어느 촌 주막에서의 외로운 일야-夜. 시냇물의 졸졸대는 소리. 곁방 문이 열리고 속살거리는 음성이 들리며, 낡아빠진 헌 시계가 새벽 한 시를 둔탁하게 칠 때, 그때 당신은 난데없는 애수를 느낄 것이다. 날아가는 한 마리의 창로蒼鷺[206]. 추수 후의 텅 빈 밭과 밭. 부인의 니취泥醉[207]. 어렸을 적에 산 일이 있던 조그만 지방에 많은 세월을 경과한 후에 다시 들렀을 때, 아무도 이제는 당신을 아는 이 없고, 일찍이 놀던 자리에는 붉고 거만한 옥사들이 늘어서 있으며, 당신의 본가이던 집 속에는 알 수 없는 사람의 얼굴이 보이는데, 왕자같이 놀라웁던 아카시아 수풀은 베어지고 말았다. 이 모든 것은 우리의 마음을 슬프게 한다. 그러나, 우리를 슬프게 하는 것들이 어찌 이뿐이랴. 오뉴월의 장의행렬, 가난한 노파의 눈물, 거만한 인간, 바이올렛 색과 흑색과 회색의 빛깔들, 둔한 종성鐘聲, 동라銅鑼, 바이올린의 G현, 가을밭에 보이는 연기, 산길에 흩어진 비둘기의 털, 자동차에 앉은 출세한 부녀자의 좁은 어깨, 흘러 다니는 가극단의 여배우들, 세 번째 줄에서 떨어진 광대, 지붕 위에 떨어지는 빗소리, 휴가의 마지막 날, 사무실에서 처녀의 가는 손가락이 때

---

205 함께
206 백로(白鷺)
207 술이 많이 취함

묻은 서류 속에서 움직이고 있는 것을 보게 될 때. 만월의 밤 개 짖는 소리, '크누트 함순[208]'의 이삼절. 어린아이의 배고픈 모양, 철창 안에 보이는 죄수의 창백한 얼굴, 무성한 나무 위에 떨어지는 백설… 이 모든 것이 또한 우리의 마음을 슬프게 한다.

1949년 10월 20일 「생활인의 철학」 선문사

---

[208] Knut Hamsun(1859-1952) 노르웨이 소설가, 1920년 노벨문학상을 수상

청천聽川을 생각하면서

박종화朴鍾和[209]

만인의 심금을 울려야

수필은 시와 소설과 희곡과 같이 문학을 표현하는 한 장르다. 서양에서는 에세이라 하고 동양에서는 수필이라 했다. 수필은 글자 그대로 시와 소설과 같이 어떠한 형식의 구애를 받지 아니하고 자기가 느끼는 대로 사상과 철학과 감상을 표현하는 형식 없는 형식을 지닌 단편적인 산문이다. 그러므로 수필은 누구나 쓸 수 있다고 생각해서 많은 수필이 쏟아져 나왔다. 중국 남송시대의 용재 홍매는 그의 수필집 서문에 다음과 같은 말을 썼다.

"나는 게으른 버릇이 있어서 글을 많이 읽지 못했다. 그러나

---

[209] (1901-1981) 호는 월탄(月灘). 서울 출생. 소년시절 사숙(私塾)에서 12년간 한학을 수업한 뒤 1920년 휘문의숙을 졸업. 처음에는 시를 쓰다가 후에 역사소설을 쓴 작가.

뜻하는 바를 따라, 생각이 가는 대로, 붓이 내키는 대로 써놓고 다시 살펴보지도 아니하니 이러한 까닭에 수필이다."

이것이 용재수필의 정의다. 그러나 이것은 작자의 겸손한 말이다. 글을 읽지 아니한 사람이 어떻게 우주와 인생 간의 현실과 미래를 관조하고 성찰하고 사색하면서 기막힌 대문장을 토로할 수 있겠는가? 수필은 형식과 구애되는 바가 없다 해서 가볍게 써놓을 것이 아니다.

짧은 글, 한 페이지 속에 기막힌 철학이 있어야 하고, 아름다운 미학이 있어야 하고, 우주를 달관하고 인생을 파헤치는 날카로운 안광眼光이 있어야 하고, 부정과 불의를 척결하는 야유揶揄와 회해詼諧[210]가 있어야 한다. 이러한 대문장이 비로소 본격적인 수필이라 할 것이다.

수필문학을 정립한 청천

우리나라에도 1920년대를 전후하여 시, 소설, 희곡, 평론 등 현대문학이 정착되기 시작한 후에 수필도 쓰는 이가 많았다. 대개 시인, 소설가들이 부차적으로 수필을 써왔다. 그러나 본격적으로 수필다운 수필을 쓴 사람은 1930년대의 청천聽

---

210 해학(諧謔), 익살스럽고도 품위가 있는 말이나 행동

김진섭 군이다. 이것은 우리들 글 쓰는 사람들이 다 함께 인정하는 사실이다.

"어인 까닭인지 나는 불현 듯 과거의 자기를 일단 졸업하고 초월해야만 될 것 같은, 무슨 일종의 저항키 어려운 정신적 필연에 봉착하게 되었다. 그래서 재출발이란 물론 금후 문제에 속하거니와, 나는 단순히 과거의 자기를 반성해보고 청산해보고자 하는 오직 한 가지 이유에, 잘 되었던지 그 가치 여하는 잠시 불문에 부附하고 손쉽게 당장 구할 수 있는 수필 종류만 모아서 세상에 발표하는 바이다. (중략) 그리고 또 본서가 만일에 원근 지기제우知己諸友가 일고一顧를 얻어 그 흉중에 일점의 감회라도 던져줄 수 있는 일계기一契機를 짓는다면 그것은 나로서는 망외望外의 영광이며 또 기쁨이다."

그는 다시 『생활인의 철학』 서문에 이같이 썼다.

"나는 원래 철학의 도徒가 아니요, 또 철학자로서 자임하는 바도 아니다. 생활에 대하여 한없는 애착의 존경을 갖는 자이다. 그런 의미에서 나는 생활자로서 생활의 모든 단면을 대상으로 삼고, 혹은 사색도 하며 혹은 관찰도 하며 혹은 예찬도 하기를 심히 즐겨한다. 이와 같은 나의 태도는 앞으로 변하지 않으리라고 사료하는 바이니, 본서의 제명 『생활인의 철학』이란, 결국은 이러한 나의 염원과 성향의 일단을 표현한 말에 불과하다."

이 두 편의 수필집 서문은 청천 김진섭이 자기 자신이 자기의 수필을 쓰는 태도와 본질을 명료하게 드러낸 것이요, 수필은 한낱 아름다운 문장과 평면적 서술로 적어놓은 것이 아니라 우주의 대자연과 인간생활 사이에 벌어지고 일어나는 크고 작은 일을 성찰하고 관조하고 사색하면서, 자기 자신의 느낀 바를 해명하고 비판하는 중요하고 심오한 경지에 도달하는 문학의 일종인 것을 밝혀 놓았다고 할 수 있다.

여기에 비로소 청천 수필의 양상이 약여躍如하게 드러난다.

청천을 다시 대하는 기쁨

수필을 가볍게 써질 수 있는 문학이라고 생각해서는 아니된다. 청천이 말한 대로 '지기제우의 일고를 얻어, 흉중에 일점의 감회'를 던져주어야 한다. 전문적 철학도가 아니라 해도 대자연과 인생생활의 모든 대상을 상대로 해서 관찰하고 사색해서 하나의 문제를 던져주어야 한다. 여기에 비로소 수필의 무게가 있는 것이요, 수필문학의 본격적인 가치가 있는 것이다.

어떻든 청천은 우리 문단에 본격적인 수필문학을 개척해놓았다. 그의 「나의 자화상」을 위시하여 「백설부」 「밀密」 「심루송深淚頌」 「권태예찬」 「문장의 도道」 등은 모두 다 주옥의 명작들이다.

나는 1945년 8·15광복 이후에 청천과 가장 두터운 교분을 가졌다. 그는 1930년대 한국문단에 크나큰 공을 세운 해외문학파의 한 사람으로 일본 법정(法政·호세이)대학 독문과를 1927년에 졸업한 독문학자였다. 그가 모국으로 돌아와 해외문학파로 활약하면서 1931년에 윤백남, 홍해성, 유치진, 서항석, 이헌구, 이하윤 등 여러분과 함께 극예술연구회를 조직할 무렵과 1945년 경성방송국에 있을 때는 간혹 그의 수필을 탐독했을 뿐 깊은 교분을 가질 기회가 없었다.

광복이 된 후 1947년에 내가 동국대학교 교수와 성균관대학교 교수로 있을 때 나는 비로소 청천과 깊은 교분을 갖게 되었다. 이때 성대에는 쟁쟁한 교수들이 많았다.

한문학과 영문학의 태두 산강 변영만의 독설과, 회해誹諧로 유명한 산강의 계씨季氏 수주 변영로卞榮魯의 패기와, 거드름으로 유명한 도남 조윤제, 만년 청년의 열기를 토하는 불문학의 손우성, 자칭 국보의 무애 양주동, 일파 변희용, 성재 이관구, 우관 이정규 등이 있었다.

대학의 초창기였다. 참으로 교수들은 학생들과 함께 좋은 학풍을 쌓아올렸다. 교수들은 형제와 같이 의가 좋았다. 하루 종일 제각기 강의를 마친 후에는 대학의 앞거리 일취옥이란 막걸리 집으로 모여 피로를 풀었다.

모두 다 한 말 술을 거뜬하게 마시는 주호들이었다. 다만 손우성 형만 비주객이었다. 이중에 청천은 주선酒仙이었다. 밤을 새워 마셔도 껄껄 웃음소리와 함께 취태醉態가 없었다. 그의 수필과 함께 생활인의 태도가 빛을 뿜는 듯 했다. 그의 문학이 더욱 원숙할 무렵에 6·25 동란으로 납북이 되어 이제는 생사조차 모르게 되니 가슴이 아픈 일이다.

이번에 중앙일보사에서 청천의 미정리된 주옥같은 수필을 골라 아담한 책으로 간행하게 되었다는 소식을 접하고 보니 한편으로 기쁘고, 새삼 그의 모습이 그리워진다.

1978년 「김진섭 미발표 수필선」 중앙일보사

저자 약력

김진섭 金晉燮 1903.8.24.-1950.7.납북. 생사불명

호 청천聽川. 1903년 목포에서 태어나 서울 양정고보와 일본 호세이法政대학 독문학과를 나왔다. 카프의 프롤레타리아 문학과 맞서 해외문학 소개에 힘썼다. 유치진柳致眞 등과 극예술연구회를 조직하여 활동할 무렵부터 수필을 쓰기 시작, 수필문학의 새 영역을 개척하였다. 광복 후 서울대 도서관장 역임. 1947년에 첫 수필집 『인생예찬』, 이듬해에는 수필가로서의 위치를 굳힌 『생활인의 철학』을 간행. 6·25전쟁 때 납북되어 생사를 모른다. 깊이 있는 생활관찰과 사색을 꾸밈없는 소박한 문체로 엮어냄으로써 근대적 의미의 에세이를 한국수필문학에 정립했다는 평가를 받는다.

해제

김선학 金善鶴

부산에서 태어나 동국대 대학원에서 박사학위. 월간 〈현대문학〉을 통해 문학평론가로 등단. 문학평론집 『비평정신과 삶의 인식』, 『현실과 언어의 그물』, 『문학의 빙하기』, 『안 읽는 사람들과 사는 세상』, 『현대문학사』, 『시에 잠긴 한국인의 생각』, 『문학개론강좌』 등의 책을 썼다. 동국대학교 명예교수.